ADELE FALCETTA

AVVOCATO SU INTERNET

Come Esercitare e Ampliare la tua Attività Legale Grazie al Web

Titolo

"AVVOCATO SU INTERNET"

Autore

Adele Falcetta

Editore

Bruno Editore

Sito internet

http://www.brunoeditore.it

Sommario

All'Avv. Guido Sinatra:

mio Maestro, principe del Foro

nella mente e

nel cuore.

Introduzione

Caro/a Collega,

ti ringrazio per aver acquistato questo ebook.

Ricambierò la tua fiducia insegnandoti un metodo di lavoro finora poco conosciuto tra noi avvocati, che spalanca alla nostra professione orizzonti nuovi e prima impensabili: **il blogging business avanzato.**

Ho detto che si tratta di un metodo poco conosciuto tra noi avvocati: infatti, in altri ambiti più "commerciali" il blogging business viene utilizzato con successo da un po' di tempo.

Noi avvocati, invece, siamo più restii a accogliere nel nostro lavoro le nuove tecnologie, se non per fare le nostre ricerche o per fruire dei servizi *online* dei nostri Tribunali. Del resto, che ci sia un po' di resistenza è comprensibile e, per certi versi, condivisibile: **l'avvocato non è un commerciante** e le tradizionali "professioni liberali" devono mantenere un'aura di sobrietà e di credibilità che il commercio, con le sue proposte a volte "audaci"e anvasive, non ha. Ma, se si riesce a coniugare il rigore nell'esercizio della professione con le incredibili opportunità che Internet offre, **il risultato è eccezionale**.

Quello che ti illustrerò in questa Guida è frutto della mia personale esperienza: sono riuscita, **da sola**, a mettere in pratica tutto quello che leggerai e ho dato vita a due blog: <u>Adozione Felice</u> e <u>Avvocato su Internet</u>. **Puoi riuscirci perfettamente anche tu.** Mi impegno a non deluderti. Voglio insegnarti a essere anche tu un avvocato *online*, in sette Giorni.

Ti consiglio di leggere questa Guida una prima volta e poi di ricominciare daccapo, seguendo passo passo le istruzioni che ti darò. Se questo ti agevola nella lettura, stampala. **Una precisazione importante**: la riuscita del tuo lavoro dipende dal tuo impegno e dalla tua determinazione. Io posso insegnarti, nel modo più semplice possibile, il metodo; l'entusiasmo, la costanza e la creatività devi metterceli tu. Ora possiamo cominciare.

GIORNO 1:

Come scegliere la propria nicchia

Cos'è una nicchia? È un ambito nel quale operare. Si tratta, oggi, di un concetto parecchio adoperato; infatti, molti settori dell'attività economica risultano piuttosto inflazionati, quindi l'unico modo per conquistare una porzione di mercato e di clienti affezionati è scegliere **una categoria più ristretta** di propria competenza e concentrarsi su di essa.

Si tratta di una strategia che si sta rivelando vincente, a esempio, nella vendita *online* di prodotti. Esistono siti che consentono di aprire, in pochi minuti e con alcuni semplici passaggi, dei *megastore online*: supermercati virtuali nei quali si trova di tutto, dalla polizza di assicurazione alle lampadine, dai prodotti di bellezza ai pasticcini. Il titolare del supermercato guadagna una percentuale sulle vendite effettuate.

Si potrebbe pensare che si tratti di una grande opportunità: con centinaia e centinaia di prodotti disponibili, le vendite dovrebbero essere consistenti e così anche i guadagni. In realtà questo non avviene e i *megastore* si rivelano, nella maggior parte dei casi, dei flop. Questo perché la gente non compra su Internet qualsiasi cosa: se deve andare in un ipermercato, preferisce quello reale. Invece le persone tendono ad acquistare *online* **dei prodotti ben precisi** (a volte impensabili): individuarli e concentrarsi solo su di essi, creando dei negozi *ad hoc*, consente spesso di realizzare guadagni significativi.

La **tendenza alla specializzazione** si sta rivelando sempre più pronunciata **anche nelle libere professioni**, compresa quella di avvocato. Questo è tanto più vero, quanto più aumenta la concorrenza.

Nel 2008, si stimavano in Italia circa 210 mila avvocati, contro i 44 mila della Francia e i 117 mila dell'Inghilterra (fonte: repubblica.it). Troppi per poter sperare di lavorare tutti. Ed è anche un problema occuparsi di tutti gli ambiti del diritto; infatti, le norme sono oggi molto più settoriali, specifiche, differenziate. **L'aggiornamento deve essere continuo**, perché il legislatore interviene spesso nei più diversi ambiti, apportando modifiche di diritto sostanziale e processuale che, se ignorate, possono condurre a commettere grossi errori.

È possibile, però, occuparsi di un ambito più ristretto, rivolgendosi solo **a specifiche categorie di persone**: quelle che hanno problemi con il coniuge, quelle che reclamano un'invalidità negata, quelle che sono incorse in un incidente stradale e così via. Insomma, è possibile occuparsi **di una nicchia ben precisa**.

Questo presenta **diversi vantaggi**:

- non dovendosi occupare di tutto, si può eccellere nel settore prescelto;
- è possibile anche frequentare dei corsi di livello universitario, per acquisire una vera e propria "specializzazione" in quell'ambito;
- l'aggiornamento è più semplice, perché è possibile focalizzarsi in una direzione e non farsi sfuggire le novità legislative e giurisprudenziali…
- ed è anche più economico, perché non occorre comprare libri e riviste di ogni genere, ma solo quelli che riguardano il proprio settore.

SEGRETO n. 1: anziché occuparsi di tutto, conviene scegliere una nicchia in cui esercitare la propria professione: si risparmia tempo, denaro e stress.

Indirizzarsi verso una nicchia **non è possibile per tutti**. In una grande città, se si è bravi e capaci, i potenziali clienti possono essere molti, ma in una cittadina di poche decine di migliaia di abitanti o in un paese, è praticamente impossibile.

Ed ecco che **Internet** offre una soluzione interessante e, direi, stimolante: quella di scegliere una nicchia, e poi proporsi *online* come esperti di quel settore. Attenzione, però: quando dico "esperti" mi riferisco all'**essere**, non all'**apparire**. In una società spesso basata su informazioni rapide e superficiali, è la sostanza che fa la differenza.

Una volta scelta la materia della quale vuoi occuparti *online*, ti rivelerò tanti modi per farti **conoscere** e **percepire** come professionista competente in quel preciso ambito, ma non trascurare di approfondire la tua conoscenza dell'argomento e di diventare veramente un esperto: solo così potrai garantirti un successo stabile e duraturo.

Può darsi, del resto, che tu sia un professionista che già opera *offline* in un settore ben preciso e che tu voglia utilizzare Internet per farti conoscere da più persone, per rafforzare la tua immagine e trovare più clienti. Anche in questo caso, quanto sto per spiegare potrà esserti utile, perché ti consentirà di valutare se vi sono molti potenziali clienti per l'ambito del quale ti occupi.

Passiamo quindi a considerare il processo utile a trovare la nicchia di mercato ideale. Esso si articola **in tre fasi**.

Prima fase: devi, innanzi tutto, individuare **le materie** che ti interessano e appassionano di più. Questo è un passaggio abbastanza semplice: tutti abbiamo un argomento che ci piace di più rispetto agli altri. È importante anche che tu chiarisca a te stesso **le ragioni** di questa preferenza. Ad esempio, io ho scelto il settore delle adozioni perché sono anch'io una mamma adottiva e mi sento particolarmente vicina sia ai bambini senza famiglia, sia alle coppie che desiderano un figlio; inoltre, mi sento molto gratificata quando posso aiutare gli uni e gli altri. Essere consapevoli delle ragioni di una passione motiva, è la molla che consente di fare di più e di meglio.

È importante, poi, **non fermarsi a un solo argomento**, ma annotare **almeno tre nicchie** che potrebbero interessarti; infatti, non è detto che ciò che ti piace corrisponda anche ai bisogni di un numero significativo di persone! **Un falso mito** di Internet, un luogo comune che miete parecchie vittime, è che per lavorare *online* basta essere appassionati di qualcosa. Non è esattamente così. Certo, come abbiamo detto sopra la passione è fondamentale per essere motivati, per lavorare con entusiasmo, per non scoraggiarsi davanti alle difficoltà, per produrre di più, **però da sola non basta**. Occorre **verificare la domanda**, in altre parole, accertare che ci siano molte persone disposte a pagare per un certo servizio. Magari poi si scoprirà che le nicchie più impensabili attirano tanti clienti, ma prima bisogna verificarlo. Nel mio caso, ad esempio, ho prima accertato che ci fossero molte persone interessate all'argomento "adozione".

Questo ci porta **alla seconda fase**. Su Internet esiste una domanda interessante nell'ambito specifico in cui ti piacerebbe lavorare? In altri termini, e come abbiamo detto sopra, c'è un numero significativo di persone che pagherebbe per avere notizie o consulenza su quell'argomento?

Internet offre **degli strumenti utilissimi e gratuiti**, che possono aiutarti a scegliere bene. Vediamoli a uno a uno, facendo degli esempi concreti.

Immaginiamo che uno degli argomenti sui quali vorresti concentrarti sia quello delle **multe**. Si direbbe un ambito abbastanza attuale: oggi la gente è diventata più attenta e consapevole riguardo ai propri diritti ed è pronta a contestare una sanzione qualora sia illegittimamente inflitta. Almeno, così sembra. Questa considerazione è realistica? Si tratta davvero di un argomento con un potenziale mercato?

Cerchiamo di dare una risposta utilizzando il primo strumento a nostra disposizione: il **Selettore di parole chiave di Google**. Puoi vederlo cliccando qui. Se il link non dovesse funzionare, puoi trovarlo digitando su Google i termini di ricerca "selettore parole chiave".

Questo strumento è utile per capire **quante volte** un certo termine, o una combinazione di termini, viene digitato su questo importante motore di ricerca. Inoltre, dà anche un'indicazione della "**concorrenza**" che esiste su una data parola chiave: vale a dire, quanti siti si propongono incentrando le proprie campagne pubblicitarie proprio sulle parole prescelte. Si presenta così:

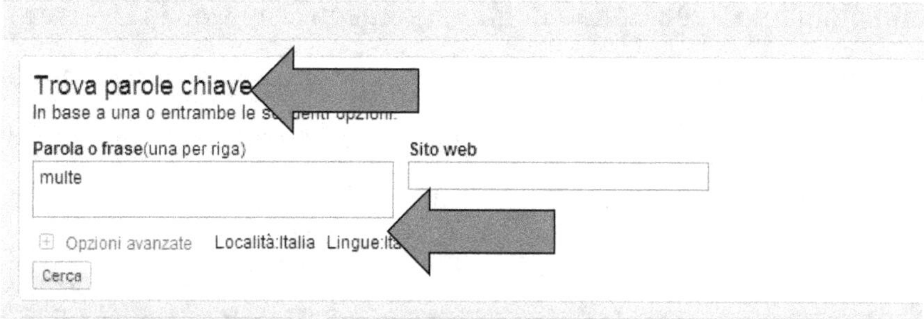

Inserisci la parola corrispondente all'argomento di tuo interesse (*parola chiave*) nel riquadro bianco. Nel nostro esempio: *multe*. Poi clicca su *Cerca*.

I risultati verngono visualizzati suddivisi in diverse colonne. A noi interessano le prime tre. Eccole:

	Parola chiave	Concorrenza	Ricerche mensili globali
	multa		1.220.000
	multe		368.000
	giudice di pace		301.000
	ricorso giudice di pace		33.100
	ricorso multa		27.100
	ricorso prefetto		22.200
	ricorso multe		14.800
	ricorso autovelox		14.800
	multe autovelox		12.100
	ricorsi multe		9.900
	eccesso di velocità		9.900
	multa autovelox		8.100
	multa semaforo		8.100
	notifica multe		6.600

Vediamo le varie colonne dei risultati più da vicino. Come vedi, **nella prima colonna** sono indicate le parole chiave: quella che hai inserito come termine di ricerca e altre correlate.

Quindi leggiamo *multa, multe, giudice di pace, ricorso giudice di pace, ricorso multa* e così via. Questo potrà servirti per formare un elenco di parole in aggiunta a quella (o quelle) di partenza. Magari scoprirai dei termini molto ricercati, che rendono ancora meglio l'ambito di tuo interesse.

Saltiamo **alla quarta colonna**: ti dice **quante ricerche** vengono effettuate mediamente ogni mese, su Google, per quel termine specifico. Se le ricerche sono molte, l'argomento desta interesse e quindi vi sono potenziali clienti. Per sistemare questi dati in ordine decrescente, e quindi per una consultazione più pratica ed efficace, puoi cliccare sull'intestazione della colonna: *Ricerche mensili globali.*Nel nostro caso, rileviamo in media 1.220.000 ricerche mensili per il termine *"multa"*, 368.000 per il termine *"multe"* e così via. Già un numero superiore a 10.000 è interessante, ma più avanti vedremo che questo dato va integrato con altri risultati.

Passiamo alla seconda colonna che ci mostra **quanta concorrenza** c'è su Google rispetto a quel determinato argomento. Più il rettangolino è "pieno", colorato di azzurro, più alta è la concorrenza. **La presenza di molti concorrenti non deve spaventarti**: significa solo che un certo argomento rende e quindi molti hanno deciso di cimentarvisi. Il mercato di Internet è enorme e più avanti vedremo quali sono gli strumenti che ti consentiranno di distinguerti rispetto ai tuoi concorrenti.

Come puoi notare, ci sono altri termini, correlati a "multa" e "multe", da tenere in considerazione: *ricorso multa*, con 27.100 ricerche; *ricorso autovelox*, con 14.800; *multe autovelox*, con 12.100. Ciò vuol dire che, su Internet, l'argomento delle multe e dei ricorsi in materia è **abbastanza ricercato** e quindi vale la pena di investire su di esso.

Puoi anche confrontare **termini simili** tra loro, che hanno lo stesso significato e che tuttavia presentano volumi di ricerca molto diversi. Ad esempio, per riprendere un dato che abbiamo già evidenziato, la parola *"multa"* presenta 1.220.000 ricerche mensili contro le 368.000 (dato pur sempre interessante!) del termine *"multe"*. E ancora: *"ricorso multa"* presenta 27.100 ricerche, *"ricorsi multe"* 9.900.

Queste differenze nel volume di ricerche tra termini simili sono importanti. Come vedremo più avanti, quando sceglierai l'indirizzoe al nome da dare al tuo blog ti converrà utilizzare parole molto ricercate su Google. Quindi, per restare al nostro esempio, sarà preferibile comporre indirizzo e titolo del blog usando "multa" al singolare, piuttosto che al plurale, visto che questo termine è molto più ricercato.

Passiamo a un altro interessante strumento, che ti permette di conoscere meglio **le domande più ricorrenti**e a **bisogni** delle persone. Si tratta di **Yahoo Answers**. Clicca qui per vederlo. Qualora il link non dovesse funzionare, digita "Yahoo Answers" su Google. Probabilmente lo conosci già: è un sito sul quale gli utenti possono fare domande sugli argomenti più vari. Chi si sente preparato in materia formula la sua risposta. Sia chi ha formulato la domanda, sia i visitatori del sito votano le risposte che ritengono migliori.

Yahoo Answers è utile per scoprire se ci sono molte persone interessate a un certo argomento e, rispetto a questo argomento, **quali sono i bisogni, i dubbi, le necessità più ricorrenti.** Questo ti servirà non solo per scegliere la nicchia della quale occuparti, ma anche per trovare ottimi spunti per gli articoli che pubblicherai sul tuo blog.

Inoltre, rispondendo alle domande degli utenti in modo appropriato ed esauriente, hai un'ulteriore possibilità di essere conosciuto come esperto nel settore che sceglierai.

Ecco come si presenta Yahoo Answers:

Digita nella casellina bianca l'argomento e poi clicca su *"Cerca su Answers"*.

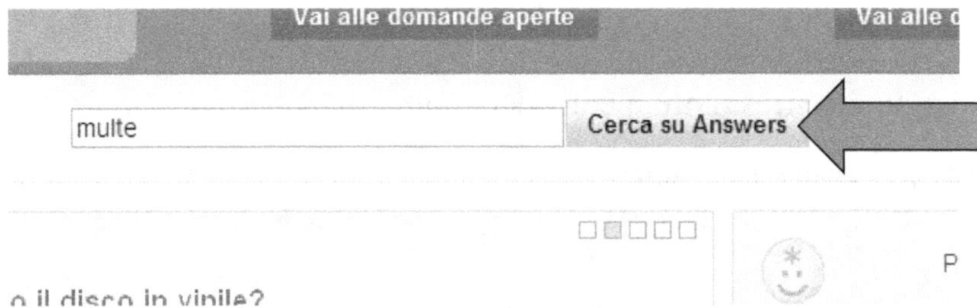

Appaiono le domande formulate dagli utenti, con le relative risposte:

multe.........?
dopo quanto tempo arriva la comunicazione della motorizzazione con la sottrazione dei...
In Sicurezza -Inviata da chia86.lu -3 risposte -2 anni fa

....Multe.....?
... cartella esattoriale di 506 € per **multe** nn pagate....ora, dopo 5 ...
In Affari e finanza - Altro -Inviata da my_name -2 risposte -3 anni fa

Sono iniziate le **multe** a roma contro la prostituzione e la prima vittima ha detto che non votera più alemanno?
... con le **multe** senza aspettare il disegno di legge? Il...
4 In Politica e governo - Altro -Inviata da Franko G -12 risposte -2 anni fa

Le **multe** sono uno strumento educativo o un modo per fare soldi?
... città dove le **multe** vengono emesse con...
1 In Auto e trasporti - Altro -Inviata da comby -8 risposte -3 anni fa

Non perdendo punti o prendendo **multe** per 2 anni si prendono 2 punti di bonus sulla patente?
... punti o preso **multe** ... se non sbaglio ho diritto a...
2 In Auto e trasporti - Altro -Inviata da -5 risposte -3 anni fa

Leggile attentamente e considera come tutto questo possa esserti utile per la tua attività *online*.

Passiamo a un altro strumento, che ti consente di conoscere il *trend* di un certo argomento: **Google trends**. Clicca qui per aprirlo. Se il link non funziona, trova il sito digitando su Google i termini di ricerca "google trends".

Ecco come si presenta:

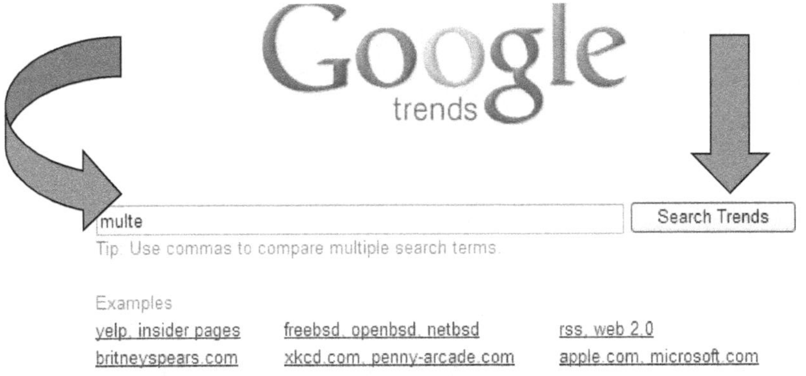

Scrivi nella casellina di ricerca l'argomento che ti interessa e poi clicca su *Search Trends*. Ecco cosa appare:

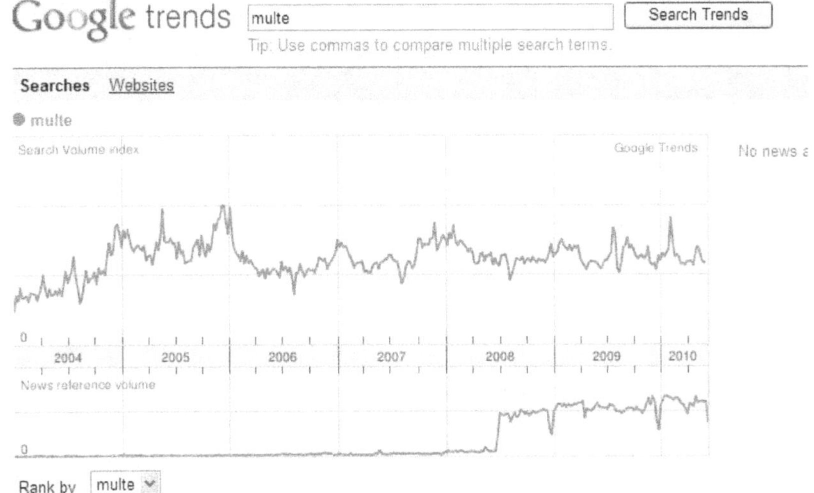

Si tratta di **due grafici** che esprimono **due linee di tendenza**. **Quello in alto** corrisponde a quante volte una parola è stata cercato su Google. **Quello in basso** evidenzia quante volte l'argomento è stato trattato sui vari siti, in particolare su quelli che si occupano di *news* e che conosceremo meglio in seguito.

Google Trends ha **un solo limite**: non presenta chiari riferimenti numerici tali da consentire di leggere i grafici con precisione. Però, ai nostri fini, basta poter rilevare **la tendenza** di un certo argomento: se le linee vanno verso l'alto, l'argomento è molto ricercato e vale la pena di approfondirlo; se, viceversa, le linee tendono verso il basso, è meglio lasciar perdere.

Inoltre, appare **un elenco comparativo di dieci città** nelle quali l'argomento si è mostrato più ricercato. Anche questo dato può servirti qualora tu, in qualche occasione, voglia proporre la tua attività in un abito territoriale più ristretto.

Ricordi che sopra ti ho suggerito di individuare **almeno tre settori** di tuo interesse? Con *Google trends* puoi scoprire qual è il più promettente, comparando il *trend* di più termini contemporaneamente. Immettiamo nella casella di ricerca tre termini che ci interessano, separati da una virgola: ad esempio, multe, divorzio, licenziamenti. Ecco il risultato:

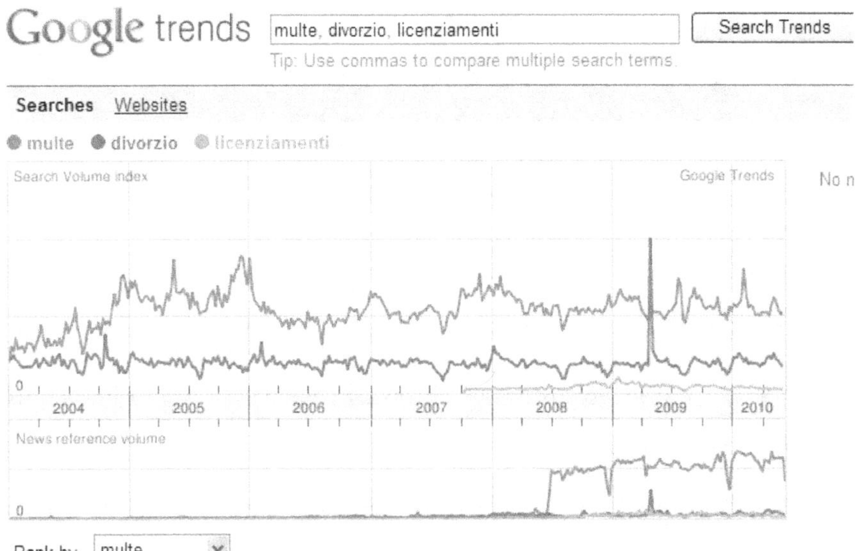

Come puoi notare, la linea blu contraddistingue l'argomento multe, quella rossa il divorzio, quella arancione i licenziamenti. L'interesse per le multe è molto più accentuato.

Ti consiglio di affiancare a *Google trends* **un altro prezioso strumento**, utile a verificare la tendenza delle ricerche su un certo argomento: Google Statistiche di ricerca. Se il link non funziona, cercalo su Google digitando "google statistiche di ricerca".

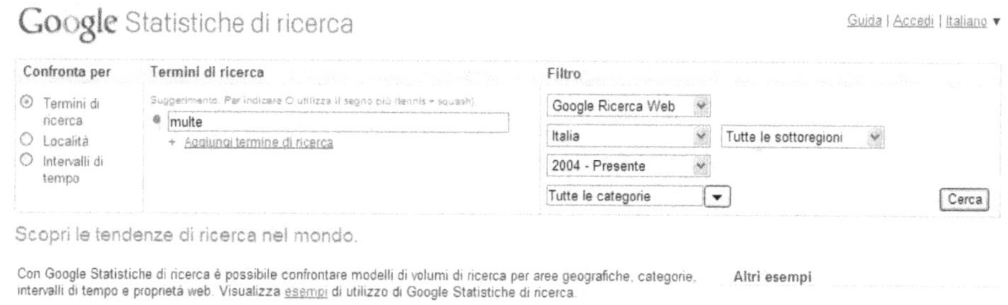

Digita la parola che ti interessa nell'apposita casella. Fai attenzione a selezionare, nel menu a tendina, l'ambito territoriale "Italia" e quello temporale "2004-Presente", poi clicca su "Cerca". Anche qui appare un grafico, che esprime l'interesse nel tempo, e nella parte finale **la previsione** per il futuro.

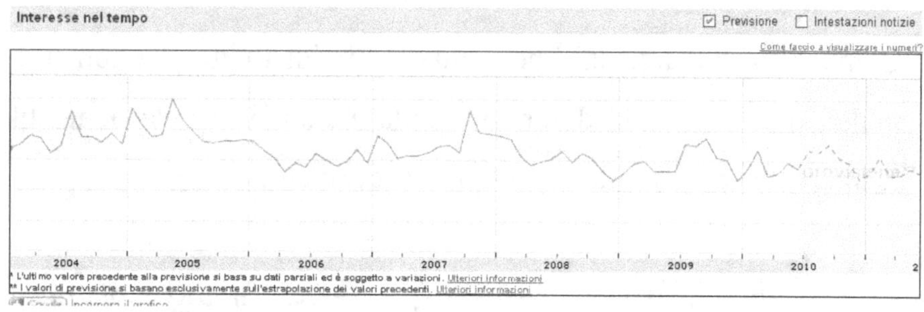

Più in basso, puoi leggere un elenco di termini di ricerca correlati, in ordine decrescente di interesse:

Termini di ricerca

Ricerche più frequenti

1. multe ricorso
2. multa
3. autovelox
4. autovelox multe
5. multe ricorsi
6. multe roma
7. prescrizione multe
8. ricorsi
9. notifica multe
10. prescrizione

[+ Google] Incorpora la tabella

E ancora, trovi un elenco di "Ricerche emergenti":

Ricerche emergenti

1.	multe ztl	+110%
2.	condono multe	+90%
3.	multe bologna	+90%
4.	prescrizione multe	+60%
5.	multa	+50%
6.	multe milano	+50%
7.	prescrizione	+50%
8.	giudice di pace	+40%
9.	notifica multe	+40%
10.	pagamento multe	+40%

[+ Google] Incorpora la tabella

SEGRETO n. 2: utilizza tutti gli strumenti che Internet offre per valutare l'interesse che esiste riguardo alle nicchie che più ti appassionano.

Ed eccoci alla terza fase: l'analisi della concorrenza. Quando abbiamo esaminato l'utilizzo del Selettore di parole chiave di Google, abbiamo visto che questo strumento ci fornisce anche un'indicazione sulla concorrenza che esiste riguardo a un dato argomento. Abbiamo aggiunto che una forte concorrenza è indice delle ottime potenzialità di una nicchia e che la presenza di molti concorrenti non deve intimorire, perché esistono dei buoni sistemi per proporsi e diventare comunque molto conosciuti su Internet. Per superare i concorrenti, per prima cosa occorre conoscerli.

Vai quindi su Google e digita la tua parola chiave (nel nostro esempio, *multe*) nella casella di ricerca. Si tratta di un'operazione che avrai fatto chissà quante volte. Solo che ora te ne servi in modo più mirato e consapevole. Ecco dunque cosa appare digitando la parola "multe":

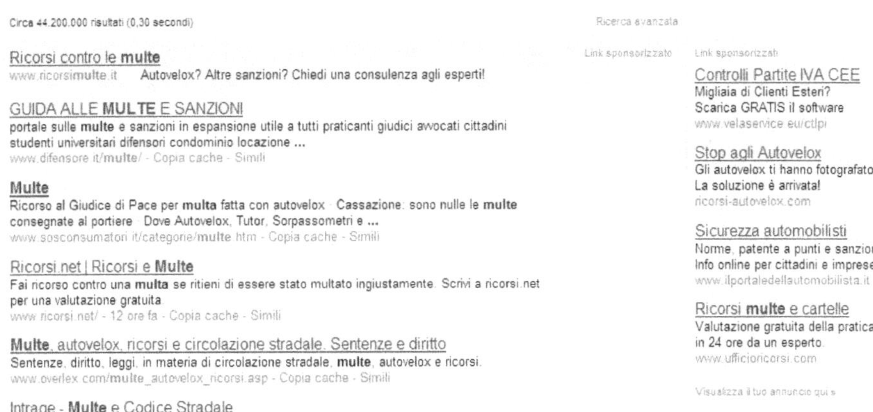

Ti faccio subito notare una cosa che approfondiremo nel Giorno 6. Osserva i risultati della ricerca. Essi si possono dividere **in tre "aree"**: quelli posizionati in alto ed evidenziati in rosa, quelli posti a destra, che vengono indicati con la dicitura *Link sponsorizzati* e poi tutti gli altri.

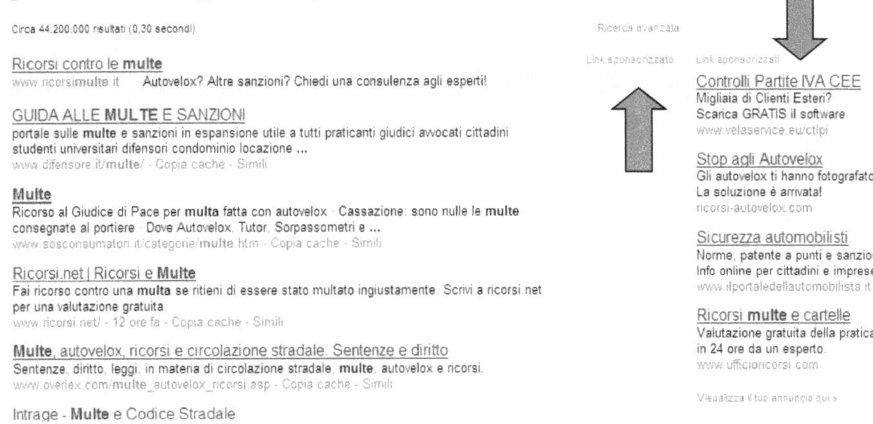

I proprietari dei siti indicati come Link sponsorizzati **hanno**

pagato un apposito servizio (*Google AdWords*) per ottenere questa posizione. **Tutti gli altri siti si trovano nelle rispettive posizioni senza aver pagato nulla**. Essi sono posti più in alto o più in basso secondo le loro caratteristiche, che possono essere più o meno "gradite" ai motori di ricerca. Naturalmente, più un sito si trova posizionato in alto, più la sua visibilità è elevata, più visitatori otterrà. Nel nostro caso, come puoi leggere in alto a destra, la ricerca del termine "multe" ha prodotto 44.200.000 risultati, quindi ci sono 44.200.000 di siti che si occupano, a svariato titolo, di questo argomento:

multe

Circa 44.200.000 risultati (0,30 secondi)

Poniamo, ora, che una persona interessata a saperne di più sulle multe digiti questo termine su Google. Appariranno più di quarantaquattro milioni di risultati! Pensi che quella persona prenderà visione di tutti i siti trovati? No, ovviamente. Si fermerà a "spulciare" la prima pagina dei risultati, **al massimo la seconda**.

Quindi essere tra i primi, nei risultati della ricerca su Google, è di fondamentale importanza. Il Giorno 6 imparerai come fare, senza necessità di pagare *Google AdWords*.

SEGRETO n. 3: è di fondamentale importanza che il blog che realizzerai appaia nei primi risultati delle ricerche di Google (e possibilmente senza pagare AdWords).

Detto questo, torniamo all'argomento del quale ci stavamo occupando: **l'analisi della concorrenza**. Dedica un po' di tempo a visionare i siti che hai trovato nei risultati della ricerca. Sotto quale aspetto trattano l'argomento? Offrono un servizio ai lettori? Se sì, quale? Secondo te, quali sono i loro punti di forza? E quali sono, invece, i loro punti deboli? Sono siti gestiti da avvocati? Rendono, per caso, un servizio simile a quello che vorresti offrire tu? In caso affermativo, quale valore aggiunto potresti dare al tuo modo di proporti? Come potresti rendere la tua offerta più utilee anteressante per i potenziali clienti?

Svolgi in modo accurato questo studio. Rifletti. Annota tutte le idee che ti vengono in mente. Devi trovare come proporti **in un modo che faccia la differenza**.

SEGRETO n. 4: studia bene i tuoi potenziali concorrenti e rifletti sui possibili modi per proporti in modo diverso, originale e utile.

Mentre fai questa analisi, pensa a **come raggiungere l'eccellenza** nel settore di tuo interesse. **Può essere che tu sia già un esperto.** Magari nella tua città sei molto conosciuto per la tua competenza nel campo prescelto. In questo caso, dovrai concentrarti sui modi per farti conoscere in un ambito più ampio, quello di Internet e quindi, in definitiva, in tutta Italia.

Coloro che visitano il tuo blog **devono potersi fidare di te**. Devi essere credibile. Questo è vero nel lavoro *offline*; ma, a maggior ragione, vale su Internet, dove è facile trovare gente senza scrupoli e venditori di fumo.

C'è differenza tra **essere** un esperto ed **essere percepito** come tale. Nei prossimi Giorni ti rivelerò tutti i modi per far crescere la tua popolarità in Rete. E tra poche righe ti darò anche qualche "dritta" perché tu possa essere percepito come un esperto dell'argomento da te prescelto anche al di fuori di Internet.

Questo non deve stupirti. **Tu sei sempre la stessa persona**, sia *online* che *offline.* Tu, se ancora non la possiedi devi acquisire preparazione e spessore nel settore da te prescelto; poi devi saper "vendere" questo valore all'esterno. Il proporsi al mondo dei potenziali clienti è un'operazione complessa, che comprende la propria presenza su Internete al compimento di alcune attività *offline*. Questi due aspetti non sono alternativi l'uno all'altro, ma si intersecano, potenziandosi e arricchendosi a vicenda.

Se realizzi un blog di successo, poniamo, sulle separazioni, potresti anche scrivere un ebook sull'argomento. Nel contempo, potresti tenere **una conferenza** sugli argomenti trattati nell'ebook e questo ti consentirebbe di accrescere la tua fama anche nell'ambito territoriale in cui operi. Poi potresti pubblicare sul blog **un piccolo stralcio** della conferenza e così via. In questo modo accresceresti sia la tua competenza che il tuo buon nome. Tutto questo ti porterebbe non solo nuovi clienti *online*, ma anche altri della tua città o delle vicinanze, e magari altri contatti lavorativi. Innescheresti un "circolo virtuoso" che coinvolge sia il lavoro *online* che quello *offline.*

Per adesso, se ancora non sei molto ferrato nel settore prescelto, ti invito ad approfondirlo. Come? **Ecco alcune indicazioni**:

- leggi **almeno tre libri** sull'argomento. Come trovarli? Innanzi tutto, consulta gli agenti dei principali editori che conosci nel campo giuridico. Questo dovrebbe bastare: peraltro, i Tribunali sono frequentati dai rappresentanti di queste case editrici, che sono le più prestigiose nel nostro settore. Poi, se questo non basta, fai una ricerca su Internet. Se ancora non hai dimestichezza con l'argomento, comincia con libri pratici e scorrevoli. Mentre leggi, sottolinea, scrivi a margine le tue riflessioni, insomma, "fai tuoi" quei libri. E prendi appunti, fai degli schemi. Una volta letti tre libri di taglio pratico, potrai approfondire con altre pubblicazioni più complesse: scegline altre tre, leggile, assimilale e vai avanti;

- pianifica di leggere in modo approfondito **almeno trenta pagine al giorno** sull'argomento in questione. Trenta pagine si possono leggere, se si è allenati, anche in mezz'ora. Ritagliati una parte della giornata per farlo, secondo i tuoi ritmi personali. Può essere la mattina presto, può essere la sera tardi. Oppure, puoi sfruttare le attese, portando il libro o la rivista che ti interessa sempre con te, insieme a un quadernetto o un taccuino per gli appunti. Da alcuni anni io faccio così. In varie circostanze a noi avvocati capita di aspettare: il turno dall'ufficiale giudiziario o in udienza oppure in vari uffici. Se c'è qualcuno con cui scambiare qualche parola, meglio: diamo la precedenza ai rapporti umani! Ma se questo non è possibile, sfruttiamo le attese a nostro vantaggio. Se, così facendo, leggi in modo attento e approfondito trenta pagine dell'argomento che ti interessa, in un anno avrai letto almeno tremila pagine;

- mentre fai questo lavoro, rifletti **su come tradurre in maniera comprensibile** anche per i profani gli argomenti di maggiore interesse che vai studiando. Certo, le questioni troppo "tecniche" interessano soltanto gli addetti ai lavori, ma altre costituiscono una risposta alle domande più frequenti della gente comune. Prendi appunti: potrebbero essere degli spunti interessanti per gli articoli del tuo blog;

- fai una ricerca: **esistono associazioni** di studiosi o di esperti che si occupano di questo specifico settore? Se sì, iscriviti! Prima, però, vagliane la serietà e l'attendibilità. Come si presentano? Chi le gestisce? Vedi qualche nome di spessore? Cosa propongono? Iscriverti a un'associazione di persone che si occupano dell'argomento da te prescelto può conferirti maggior prestigio e visibilità; può darti opportunità di contatto con studiosi; può consentirti, mediante la partecipazione ad appositi *forum,* di conoscere come altri affrontano le problematiche più complesse; può offrirti la possibilità di reperire materiale sull'argomento;

- **cerca tutte le risorse online** che trattano l'argomento, spulciale, prendi nota di tutto quanto può essere utile o interessante. Puoi trovare anche degli ebook gratuiti, sfruttando un piccolo trucco che ora ti insegno. Come tu sai, gli ebook sono, nella maggior parte dei casi, in formato PDF. Per trovarne gratis, vai su Google e digita i termini filetype:PDF seguiti dall'argomento che ti interessa. Ad esempio: filetype:PDF adozione.

Ed ecco i risultati:

Google   filetype:pdf adozione   [Cerca] Ricerca avanzata

Cerca: ⊙ nel Web   ○ pagine in Italiano   ○ pagine provenienti da: Italia

Web ⊞ Mostra opzioni...   Risultati **1 - 10** su circa

Suggerimento: Risparmia tempo premendo Invio sulla tastiera, anziché fare clic su "Cerca"

[PDF] **fare adozione**
Formato file: PDF/Adobe Acrobat
di P di Bologna - Articoli correlati
l'**adozione** avviene nell'esclusivo interesse del bambino e non per soddisfare ... interventi per
l'**adozione** dei Servizi territoriali e degli Enti autorizzati ...
www.emiliaromagnasociale.it/wcm/.../adozioni/fareadozione.pdf - Simili

[PDF] **L'adozione della multicanalità e l'erogazione dei servizi nelle ...**
Formato file: PDF/Adobe Acrobat
Il volume, risultato di una indagine pilota sull'**adozione** .... sistema di erogazione dei servizi,
l'**adozione** di processi e strumenti di ...
www.magellanopa.it/kms/files/**adozione**multicanalita.pdf - Simili

Naturalmente, alcuni sono pertinenti, altri no. Poi, cerca anche le riviste *online*; se ce ne sono a pagamento, valuta l'opportunità di abbonarti;

- **abbonati a riviste o servizi offline** che ti consentano un ulteriore studio e approfondimento. Anche in questo caso, le più importanti case editrici giuridiche propongono sussidi spesso utilissimi;

- se ci sono **audiobook** sull'argomento, in formato MP3, sfrutta questa possibilità. Puoi ascoltarli, con l'aiuto di un semplice lettore e con delle piccole, discretissime cuffie, mentre ti sposti da un luogo a un altro, mentre fai sport, sfaccendi e così via.

Anche questo è un modo per sfruttare pienamente i vari momenti della giornata. Ti consiglio, anche in questo caso, di tenere a portata di mano (in borsa, in tasca, in auto) un piccolo taccuino sul quale annotare, eventualmente, idee, spunti, riflessioni. Ti servirà per assimilare meglio i concetti, per farli tuoi e poterli in seguito utilizzare al meglio (se sei in macchina e vuoi prendere nota di un'idea, prima fermati…).

SEGRETO n. 5: pianifica bene come raggiungere l'eccellenza nel settore da te prescelto.

Nel prossimo capitolo ci occuperemo dello strumento principe per chi si vuole proporre online: **il Blog.** Imparerai come realizzare il tuo.

RIEPILOGO DEL GIORNO 1:

- SEGRETO n. 1: anziché occuparsi di tutto, conviene scegliere una nicchia in cui esercitare la propria professione: si risparmia tempo, denaro e stress.

- SEGRETO n. 2: utilizza tutti gli strumenti che Internet offre per valutare l'interesse che esiste riguardo alle nicchie che più ti appassionano.

- SEGRETO n. 3: è di fondamentale importanza che il blog che realizzerai appaia nei primi risultati delle ricerche di Google (e possibilmente senza pagare AdWords).

- SEGRETO n. 4: studia bene i tuoi potenziali concorrenti e rifletti sui possibili modi per proporti in modo diverso, originalee atile.

- SEGRETO n. 5: pianifica bene come raggiungere l'eccellenza nel settore da te prescelto.

GIORNO 2:
Come scegliere la piattaforma blog

Ora che hai scelto la nicchia di mercato in cui operare, è tempo di predisporre tutti gli strumenti utili a farti lavorare su Internet nel modo più efficace.

Il principale strumento di lavoro che utilizzerai è il blog. **Non un sito Internet: un blog.** Tra le due cose c'è differenza.

Nel linguaggio della Rete, un blog è **un particolare tipo di sito Internet.** Esso può essere gestito da una singola persona, da più persone, da un ente. L'autore pubblica sul blog, possibilmente con regolarità, pensieri, opinioni, recensioni, interventi sugli argomenti che formano l'oggetto del blog stesso. Il tutto può essere arricchito da immagini e file multimediali di vario genere (principalmente video e audio).

Il termine blog è la contrazione di *web-log*, che significa "diario in rete". Il fenomeno dei blog è nato nel 1997 negli Stati Uniti.

La data di nascita "ufficiale" del blog è stata fissata al 18 luglio 1997; infatti, in tale giorno ha visto la luce il *software* che ne consente la pubblicazione, a opera dello statunitense Dave Winer.

Il primo blog è stato pubblicato il 23 dicembre 1997 da un altro americano, il commerciante Jorn Barger, che, essendo appassionato di caccia, decise di aprire una propria pagina personale per condividere i risultati delle sue ricerche sul web riguardo al suo hobby.

Negli anni 2000 il blog ha preso piede anche in Italia. Dapprima, sulla scia del successo del famosissimo **blog di Beppe Grillo**, è stato una specie di moda; poi ci si è resi conto che, in realtà, un blog può essere molto più di un semplice diario *online* e può essere utilizzato in modo professionale per essere presenti negli ambiti più disparati.

La struttura del blog è costituita da **un programma di pubblicazione guidata**, di solito molto intuitivo, che permette di creare con facilità una pagina web. A tal fine, non è necessario conoscere il linguaggio HTML (per intenderci, quella sorta di "codice" con cui si realizzano i siti Internet), anche se qualche nozione "spicciola" può essere d'aiuto. Questa struttura, una volta creata, può essere personalizzata con vesti grafiche dette *templates*.

Grazie al blog, chiunque possieda una connessione Internet può creare facilmente un sito, in cui pubblicare articoli, informazioni, opinioni, storie. I lettori possono scrivere i loro commenti in calce all'articoloe anviare messaggi all'autore, che a sua volta può rispondere instaurando così un dialogo con i propri lettori e promuovendo il dialogo di questi ultimi tra di loro.

Grazie a questa peculiarità, il blog è un luogo d'incontro; un ambiente virtuale che, secondo l'argomento, l'intelligenza e l'abilità di chi lo gestisce, può assumere un'importanza anche notevole.

SEGRETO n. 6: il blog è un luogo d'incontro, uno spazio virtuale nel quale è possibile scambiarsi idee ed esperienze,e antavolare discussioni anche di notevole interesse.

L'autore del blog è detto *blogger*, mentre l'insieme di tutti i blog viene detto **blogsfera** o **blogosfera** (in inglese, *blogsphere*).

Richiamando queste notizie, ho voluto darti un'idea di quello che è un blog, **per distinguerlo dai cosiddetti siti-vetrina** e per mettere in evidenza i vantaggi che presenta rispetto a questi ultimi.

Se fai una ricerca su Google, alla voce "avvocato", o "studio legale", troverai, tra gli altri risultati, anche alcuni siti di colleghi avvocati: molti, a dire il vero, decisamente ben fatti. Come sono strutturati questi siti?

Ci sarà una pagina denominata, per lo più, "Chi sono", nella quale il professionista si presenta, rassegnando i suoi studi e le sue esperienze professionali. Altre pagine saranno dedicate agli argomenti dei quali si occupa lo studio legale: questi argomenti vengono brevemente esposti, con riferimento alle norme che li disciplinano.

Poi ci sarà un'altra pagina con i successi raggiunti dallo studio o con le *partnership* (anche se questo, come vedremo in seguito, non è proprio deontologicamente corretto). Non mancheranno una o più pagine dedicate a risorse utili come il calcolo online del codice fiscale o degli interessi legali.

Le pagine del sito vengono, di tanto in tanto, aggiornate.

La professionalità del risultato sarà direttamente proporzionale alla competenza di chi ha costruito il sito. Può essere che un professionista, e nel caso specifico un avvocato, abbia questa capacità, ma, nella stragrande maggioranza dei casi, occorrerà pagare (spesso profumatamente) un esperto del settore per dare al sito una veste dignitosa.

Questo modello di sito è validissimo e non voglio certo mettere in discussione la scelta di chi si propone sul web in questo modo. Ritengo però che il blog, per la sua natura eminentemente interattiva, sia lo strumento più adatto a qualunque professionista per promuovere se stesso e la sua attività. Vediamo perché:

- un blog, a differenza di un sito, è facile da realizzare e chiunque può farlo: anche un professionista che non possiede nessuna nozione di programmazione può, seguendo una buona guida come questa, creare un blog personale e accattivante;

- esistono centinaia, se non migliaia, di vesti grafiche gradevoli per personalizzare il proprio blog. Molte sono gratuite, altre possono essere acquistate per poche decine di euro;

- a differenza del sito-vetrina che è statico (salvo periodici aggiornamenti), il blog è **dinamico.** È possibile, in pochissimo tempo, aggiornarlo quotidianamente, pubblicando sempre nuovi articoli;

- il blog consente un dialogo aperto e continuo con la potenziale utenza, grazie al meccanismo dei **commenti**. I lettori lasciano in calce all'articolo le loro osservazioni e danno così vita a una discussione sull'argomento. Il professionista interviene aggiungendo ulteriori chiarimenti e dettagli a quanto già scritto. Altri lettori, a loro volta, aggiungono i loro commenti, e così via, in un processo di reciproco arricchimento, che dà al professionista un'ulteriore opportunità per dimostrare la propria competenza e per interagire con potenziali clienti;

- la possibilità di pubblicare uno o più articoli al giorno, insieme al dialogo che si instaura con i lettori, consente al professionista di farsi conoscere e stimare, di **diventare un**

punto di riferimento per un determinato argomento;

- proporsi su Internet e poi non essere conosciuti dai motori di ricerca non ha proprio senso. Certo, avere un bel sito può rafforzare la propria immagine positiva, ma è come indossare un bel vestito e poi chiudersi in casa. È importante, quindi, (non finirò mai di dirlo) posizionarsi bene su Google e sugli altri motori: Yahoo, MSN Search, ma anche altri meno conosciuti.e a motori di ricerca **amano i contenuti aggiornati**. Aggiornare un sito è un'operazione che richiede competenza: nella maggior parte dei casi, occorrerà affidarsi a un webmaster, che effettuerà l'aggiornamento di tanto in tanto. Magari lo farà ogni giorno, ma in cambio bisognerà pagarlo bene. L'aggiornamento di un blog è facile, veloce e gratuito; può essere fatto anche più volte al giorno. Se poi i concorrenti sono molti, ci sono delle tecniche eccezionali che consentono di scavalcarli. Ricordi cosa abbiamo detto nel capitolo precedente? Quando ci sono molti concorrenti, vuol dire che una nicchia rende; però è essenziale comparire nelle prime pagine dei risultati delle ricerche;

- gli articoli di un blog, infine, possono essere diffusi su Internet in modo capillare, con apposite tecniche che ti spiegherò, e comparire non solo sul tuo blog, ma anche su molti altri siti conosciuti e ben posizionati su Google. Così, è possibile farsi conoscere in modo "virale" e capillare.

Conclusione: se vuoi farti conoscere eapprezzare come esperto nel settore da te scelto, ti conviene sicuramente adoperare un blog. Il sito è utile come "vetrina", come biglietto da visita per presentarti in modo dinamico e attuale, ma non per farti conoscere. Può servirti se sei già molto conosciuto e apprezzato in un campo. Se, invece, devi costruire la tua reputazione come esperto di un certo settore, il blog è molto più utile e funzionale.

SEGRETO n. 7: un blog, per la sua natura interattiva e versatile, per il suo facile posizionamento sui motori di ricerca, per la sua facilità d'impiego, è lo strumento ideale per farsi conoscere e per lavorare online.

A questo punto è giunto il momento di costruire il tuo blog. Come procedere? Non preoccuparti, perché tra poco ti spiegherò come farlo in pochi clic. Ora dobbiamo prendere un'importante decisione: **quale servizio presente su Internet**

(c.d. *piattaforma*) utilizzare per costruire il tuo blog.

Quale piattaforma utilizzare per il tuo blog? Le più importanti sono Blogger e Wordpress. Entrambe presentano **vantaggi e svantaggi**. Vediamoli.

Cominciamo da **Blogger**, che ha i seguenti punti di forza:

* innanzi tutto, **è gratuito.** In pochi minuti, e senza alcuna spesa, Blogger ti consente di avere un dominio di secondo livello, del tipo tuoblog.blogspot.com. Si può benissimo lavorare con un dominio di questo tipo; dobbiamo però dire che un dominio di primo livello, in cui compare solo il nome che hai voluto dare al blog (del tipo www.tuoblog.com), è più professionale, almeno nell'immagine: e anche questa è importante. Blogger consente comunque di passare a un dominio di primo livello in modo velocissimo, e al costo di solo dieci dollari l'anno. Una piccola annotazione: per pagare online ti conviene avere **un conto *Paypal***: è il modo più sicuro, velocee atilizzato per le transazioni su Internet. Forse è la forma di pagamento che hai utilizzato per acquistare questo *ebook*: in ogni caso, in uno dei prossimi capitoli, ti spiegherò

passo passo come aprire il tuo conto e come utilizzarlo;

- Blogger è molto intuitivo e anche un principiante, in pochissimo tempo, è in grado di usarlo;

- l'indicizzazione degli articoli, vale a dire il posizionamento degli stessi sui motori di ricerca, è velocissima; ciò anche perché questa piattaforma è di proprietà di Google;

- è possibile inserire gli annunci *AdSense*, mantenendo i ricavi al 100%. Cosa significa? Forse saprai che Google gestisce un sistema di pubblicità chiamato *Adsense*. Sono quegli annunci che capita di vedere sui blog, a volte anche posizionati nel bel mezzo di un articolo. Ecco qualche esempio:

Oppure:

Personalmente **sono contraria** a questa opzione. Te ne spiego subito le ragioni. *Asdsense*, abbiamo detto, consente al proprietario del sito che ospita gli annunci di guadagnare ogni volta che i visitatori cliccano sugli annunci stessi. Ma quanto si guadagna? Pochi centesimi a click. Quindi, per poter ottenere un reddito significativo, occorrono centinaia, se non migliaia di click. E se si considera che solo una piccola percentuale dei visitatori di un sito clicca sugli annunci, il conto è presto fatto: per poter avere guadagni interessanti occorrono migliaia e migliaia di visitatori.

Un'altra considerazione è che **gli annunci *Adsense* possono togliere qualità e credibilità al tuo blog**; infatti, possono anche riportare a siti poco professionali o ingannevoli e non faresti certo una bella figura se il tuo blog, anche a tua insaputa, rinviasse in qualche modo a uno di questi siti. Anzi, ti dico di più: come vedremo nell'ultimo capitolo, fare pubblicità a uno di questi siti potrebbe anche essere deontologicamente discutibile.

Il rischio è che sul tuo blog compaiano a rotazione annunci relativi a prodotti di alta qualità (come gli ebook della Bruno Editore o le proposte di *infomarketers* di un certo calibro), insieme a siti che promettono guadagni di 600 euro al giorno giocando ai casino online!

Se questo può essere accettabile (forse…) su un blog "commerciale", non può esserlo su quello di un libero professionista. Peraltro, il nostro codice deontologico non consente che nel sito di un avvocato compaiano *banner* o *link* che rinviano a proposte commerciali di altri soggetti.

Un ulteriore chiarimento per chi ancora non ha familiarità con il mondo di Internet. Come puoi notare dagli esempi che ti ho fatto, **un dominio di primo livello** è quello che presenta il suffisso .it, .com, .net, .org, .eu e così via subito dopo il nome da te scelto.

Ad esempio, i miei blog principali hanno questi indirizzi: www.adozione-felice.com e www.avvocato-su-internet.com.

Un dominio di secondo livello, invece, vede, subito dopo il nome da te scelto, un'estensione che cambia secondo la piattaforma gratuita sulla quale costruisci il tuo blog. Ad esempio, io ho dei blog secondari (di cui più avanti ti spiegherò la funzione). Non ho ritenuto, per questi, di acquistare un dominio di primo livello e mi sono accontentata di quello di secondo livello (gratuito). Gli indirizzi, in questo caso, sono così strutturati: adozione-felice.blogspot.com; adozione-felice.myblog.com; avvocato-su-internet.blogspot.com; avvocato-su-internet.myblog.com. Più avanti approfondiremo anche questo.

In conclusione, *AdSense* non è consigliabile per il blog di un avvocato. **La possibilità di inserire gli annunci *AdSense* è un vantaggio offerto da Blogger, che nel nostro caso è del tutto irrilevante.**

SEGRETO n. 8: gli annunci di *AdSense* non sono adatti al blog di un avvocato, e comunque non garantiscono un

guadagno significativo.

Abbiamo esaminato i vantaggi. Va detto, a questo punto, che Blogger presenta **qualche piccolo, trascurabile svantaggio.** Precisamente:

- come abbiamo detto, è una piattaforma molto semplice da gestire; anche per questo, fornisce poche opzioni base, ma, con degli idonei accorgimenti, è possibile arricchirlo;

- il blog non può essere gestito da una sola persona. Con Blogger non è possibile, ad esempio, costruire un blog gestibile separatamente da più professionisti, ognuno per la propria area di competenza;

- non è dotato di *antispam*. Su un blog lo spam consiste nell'invio di messaggi inconcludentie andesiderati da parte di persone che vogliono soltanto farsi pubblicità. Ad esempio, pubblichi un post e qualcuno commenta: "Complimenti per il post. A proposito, avete provato il mio prodotto XXX?". Esistono persino dei programmi che pubblicano automaticamente messaggi di questo tipo. Blogger, a differenza di Wordpress, non è dotato di una funzione che li blocchi, però è possibile ovviare a questo inconveniente scegliendo delle opzioni molto semplici.

SEGRETO n. 9: tirando le somme, Blogger è una piattaforma facilissima da usare, che può consentire di cominciare subito a lavorare online e che presenta svantaggi del tutto irrilevanti ai nostri fini.

Passiamo ai vantaggi e agli svantaggi di **Wordpress**.

Ecco **i vantaggi**:

- è ricco di opzioni che lo rendono uno strumento flessibile e adattabile alle più disparate esigenze;

- è facile personalizzarlo, grazie alla possibilità di scaricare dalla Rete tantissimi plugin, per lo più gratuiti. Cosa è un *plugin*? È un **componente aggiuntivo** che arricchisce il programma, attribuendogli ulteriori funzionalità. Wordpress ha, fin dall'installazione, alcuni *plugin* base, ma è possibile installarne altri, ad esempio, per combattere lo spam nei commenti, per gestire una mailing list, per segnalare gli aggiornamenti del blog ai motori di ricerca ecc.;

- viene aggiornato costantemente dagli sviluppatori: quindi è possibile, nel tempo, passare con facilità a versioni sempre più complete e sicure;

- dà la possibilità di gestire il blog in maniera "associata", insieme ad altre persone, ognuna delle quali potrà accedervie antervenire soltanto sulle aree di propria competenza;

- consente di effettuare il backup, ossia il salvataggio, dei dati. Così, qualora si verifichi un problema che cancella i dati contenuti nel blog, è possibile recuperarli subito;

- contiene un *plugin* chiamato *Akismet*, che è un potente filtro *antispam*. In questo modo, è possibile bloccare subito,e an modo automatico, i messaggi indesiderati;

- grazie alle sue molteplici funzionalità, piace ai motori di ricerca;

- consente di avere un dominio di secondo livello, appoggiandosi a un fornitore di spazio web gratuito, o di primo livello, acquistando lo spazio in questione anche a prezzo molto basso.

Quanto **agli svantaggi**:

- l'installazione non è facilee antuitiva come quella di Blogger. Occorre utilizzare una buona guida, e magari provare e riprovare;

- mentre Blogger offre la possibilità di avere in automatico un dominio di primo livello, questo non avviene con Wordpress. Occorre prima acquistare uno spazio web da uno dei tanti fornitori che esistono sul mercato e poi trasferirvi il proprio blog con una ben precisa procedura.

Io, dopo diverse sperimentazioni con Blogger, sono arrivata a Wordpress. Devo dire che, finché non "ci si prende la mano", è più complicato da installare e da gestire, ma io ci sono riuscita, quindi potresti riuscirci benissimo anche tu, sia pure con un certo impegno e dopo un po' di tempo.

Ho molto riflettuto sul metodo da proporti per costruire il tuo blog. Poi sono giunta a una conclusione che mi sembra la migliore. Questo ebook è destinato agli avvocati che, pur non avendo una grande conoscenza del mondo di Internet, o addirittura cominciando da zero, vogliono spendere la loro professionalità *online*.

Blogger consente a tutti, **proprio a tutti**, di re alizzare un blog e di cominciare a lavorare in pochi clic. Lo stesso non si può dire di Wordpress, la cui installazionee al cui utilizzo richiede più applicazione, più tempoe ana discreta esperienza.

Il mio scopo è quello di metterti in condizione di lavorare *online* **al massimo in sette giorni**, tanti quanti sono i capitoli di questo ebook. **Blogger si presta benissimo a questo scopo** e, con una buona guida che spiega passo passo come fare, è possibile far rendere questa piattaforma al massimo.

SEGRETO n. 10: per chi vuole cominciare la propria attività online avendo poca conoscenza di Internet, Blogger è l'ideale.

Nel prossimo capitolo, quindi, ti spiegherò come creare il tuo blog su piattaforma Blogger.

RIEPILOGO DEL GIORNO 2:

- SEGRETO n. 6: il blog è un luogo d'incontro, uno spazio virtuale nel quale è possibile scambiarsi idee ed esperienze,e antavolare discussioni anche di notevole interesse.

- SEGRETO n. 7: un blog, per la sua natura interattiva e versatile, per il suo facile posizionamento sui motori di ricerca, per la sua facilità d'impiego, è lo strumento ideale per farsi conoscere e per lavorare online.

- SEGRETO n. 8: gli annunci di *AdSense* non sono adatti al blog di un avvocato, e comunque non garantiscono un guadagno significativo.

- SEGRETO n. 9: tirando le somme, Blogger è una piattaforma facilissima da usare, che può consentire di cominciare subito a lavorare online e che presenta svantaggi del tutto irrilevanti ai nostri fini.

- SEGRETO n. 10: per chi vuole cominciare la propria attività online avendo poca conoscenza di Internet, Blogger è l'ideale.

GIORNO 3:
Come costruire il proprio blog

Ora ti insegnerò come creare il tuo blog su piattaforma Blogger. Ci vorranno sì e no cinque minuti. Sono troppi? Passeremo quindi a personalizzarlo, rendendolo unicoe aggiungendovi tutte le funzioni che ti saranno utili per farne **un potente strumento di lavoro.**

Prima di cominciare a creare il tuo blog, devi scegliere **l'indirizzoe al nome** da dargli. Sono molto importanti, sia per rendere unico il tuo modo di proporti, sia per comparire più facilmente tra i primi risultati nei motori di ricerca.

Torna <u>sul selettore di parole chiave di Google</u> e digita la parola corrispondente al campo di attività da te prescelto. Ad esempio, digitiamo "infortunistica stradale".

Tra i risultati più interessanti, troveremo "infortunistica stradale", con 18.100 ricerche mensili; "risarcimento danni", con 90.500

ricerche mensili; "incidente stradale", con 165.000 ricerche mensili.

A questo punto, individua le parole chiave che compariranno nell'indirizzo del tuo blog. Poniamo che tu scelga "incidente stradale". L'indirizzo del tuo blog, se opti per un dominio di secondo livello (gratuito), potrebbe apparire così: www.incidente-stradale.blogspot.com. Come noti, ho separato le parole chiave con un trattino. Così i motori di ricerca potranno meglio collegare l'indirizzo alle parole chiave. Se, invece, preferisci l'opzione (che Blogger offre e che consiglio) di un dominio di primo livello, l'indirizzo potrebbe essere così: www.incidente-stradale.com.

Può essere che, nel corso della procedura di costruzione del blog, Blogger ti avvisi che l'indirizzo da te scelto è già utilizzato. In tal caso, introduci **un elemento di differenziazione**, ad esempio un'ulteriore parola. Potrebbe essere, nel nostro caso, il termine *risarcimento*: così avremmo www.risarcimento-incidente-stradale.blogspot.com oppure www.risarcimento-incidente-stradale.com.

Ti raccomando di **scegliere con cura** l'indirizzo del tuo blog, perché individuare le parole "giuste" aiuta a piazzarsi bene tra i risultati delle ricerche. Per rendere la tua scelta ancora più produttiva, più avanti vedremo dove, strategicamente, andranno inserite le parole che avrai individuato.

SEGRETO n. 11: scegli con molta cura le parole che comporranno l'indirizzo del tuo blog, selezionandole tra quelle più ricercate.

A questo punto, puoi cominciare a realizzare il tuo blog con Blogger. Per farlo, devi avere un indirizzo email attivo. Vai quindi su Blogger, <u>cliccando qui.</u> Se il link non funziona, digita il termine "blogger" su Google. Appare una schermata iniziale:

Clicca

su "Crea blog". Ecco cosa appare:

Inserisci il tuo indirizzo emaile ana password da te scelta. Ripeti la password, inserisci il nome che vuoi venga visualizzato sul blog (ti consiglio di mettere il tuo vero nome e cognome), poi copia la scritta di verifica colorata, spunta la casella con la quale accetti termini e condizioni e clicca su "continua".

A questo punto, devi inserire titoloe andirizzo del tuo blog. È consigliabile che entrambi contengano **le stesse parole chiave**. Si tratta di un accorgimento che ti suggerisco qualunque piattaforma tu adoperi per costruire il tuo blog; infatti, questo aiuta ad essere posizionati meglio sui motori di ricerca.

Tornando all'esempio fatto sopra, se hai scelto per l'indirizzo le parole risarcimento-incidente-stradale, il titolo del blog potrebbe essere "Risarcimento da incidente stradale". Nella procedura esemplificativa che ti sto illustrando, io utilizzerò dei termini "neutri": *blog-esempio* per l'indirizzo, e *Blog esempio* per il titolo.

Inseriamoli nelle apposite caselle:

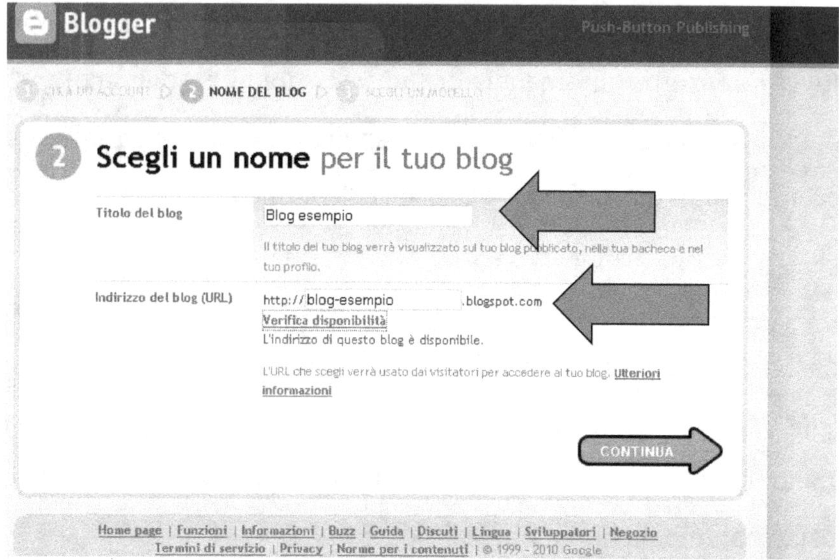

SEGRETO n. 12: è consigliabile che indirizzo e titolo del tuo blog contengano le stesse parole chiave.

Clicca ancora su "Continua". Ora ti viene mostrata **una serie di modelli** per il tuo blog. Scegline uno, anche a caso, spuntando la relativa casella; clicca poi su "Continua". Tieni comunque presente che, in seguito, ti mostrerò come scegliere un modello (tecnicamente detto *template*) più originale, che renda il tuo blog più personale.

Il blog è pronto:

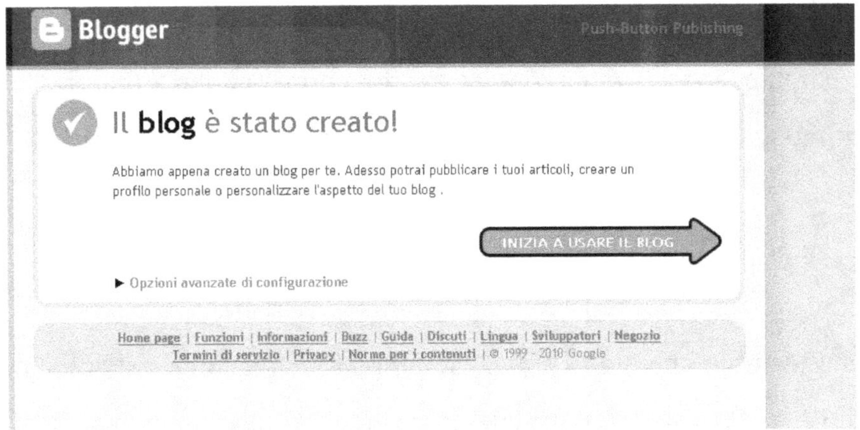

Ecco come si presenta:

Tra poco vedremo come ottimizzare e arricchire il tuo blog, rendendolo unico, personale e funzionale alla tua attività. Vedremo anche come passare, se lo vorrai, ad un dominio di primo livello, con una procedura semplice, veloce ed economica.

Cominciamo con quest'ultima opzione. Per sceglierla, e anche per altre funzioni del tuo blog che vedremo in seguito, è necessario che tu abbia un conto Paypal. Se non ce l'hai ancora, vai sul sito di Paypal (se il link non funziona, cercalo digitando "paypal" su Google) e richiedilo. La procedura è semplice e intuitiva.

Ora vai sulla Bacheca del tuo *account* Blogger, che è la finestra che si apre dopo aver fatto il *login*:

Clicca su "Impostazioni", poi su "Pubblicazione". A questo punto, clicca su "Dominio personalizzato".

Digita nell'apposita casella l'indirizzo che vorresti dare al tuo blog (tenendo presenti le parole chiave più rilevanti), poi clicca su "Verifica disponibilità".

Se l'indirizzo che hai scelto è disponibile, clicca su "Procedi con la registrazione". Seguono tre passaggi. Nel primo, ti viene detto se il dominio che hai scelto è disponibile. Se non lo è, riprova, inserendo, come già ti ho spiegato, un elemento di differenziazione.

Scegli un nome di dominio (passaggio 1 di 3)

✓ blog-esempio.com è disponibile

- Un anno di registrazione del dominio a **$10**
- Registrazione di dominio privata per maggiore protezione contro lo spam senza costi aggiuntivi
- Controllo del DNS e gestione del dominio completi
- Configurato automaticamente per funzionare con i servizi Google
- Email, calendario, messaggistica immediata, pagine web e altro ancora senza ulteriori costi.

Servono altri dettagli? Ulteriori informazioni

Procedi con la registrazione   powered by **eNom** Ulteriori informazioni

Poi clicca su "Procedi con la registrazione". Si apre una finestra con un modulo. Riempilo con i tuoi dati, poi clicca su "Accetto. Vai a Google Checkout". A questo punto, puoi effettuare il tuo pagamento utilizzando il conto Paypal. A distanza di poche ore riceverai via email la conferma dell'attivazione del tuo dominio: il tuo blog avrà, così, **un indirizzo di primo livello.**

Ti ho consigliato di compiere questo passo, che del resto ha **un costo veramente molto contenuto** (dieci dollari l'anno), perché i motori di ricerca vedono con maggior favore gli indirizzi di primo livello, che, del resto, danno anche **un'immagine più professionale.**

Gli indirizzi di secondo livello, gratuiti, di solito sono scelti da chi non è disposto ad investire sul dominio nemmeno dieci dollari l'anno: o perché vuole un blog di carattere personale, e non uno strumento di lavoro, o perché è un operatore improvvisato.

SEGRETO n. 13: scegli un dominio di primo livello per dare all'esterno un'immagine più professionale e per collocarti più velocemente sui motori di ricerca.

A questo punto, vediamo altre opzioni da settare correttamente per migliorare il tuo blog.

Dalla Bacheca, clicca su "Impostazioni" e poi su "Generale". Nella casella "Descrizione", scrivi una frase che descriva il contenuto del tuo blog e che contenga le parole chiave che hai adoperato sia nell'indirizzo che nel titolo del blog. La ripetizione delle parole chiave nell'indirizzo, nel titolo e nella descrizione aiuta a posizionarsi sui motori di ricerca.

Quindi, nel caso del blog che stiamo creando insieme come esempio, abbiamo le parole chiave "**blog**" ed "**esempio**". Queste si trovano nell'indirizzo del blog: www.**blog-esempio**.blogspot.com, nel titolo: **Blog** di **esempio**, e nella descrizione: Un **blog** utile come **esempio**.

Una volta riempita la casella con la descrizione del blog, lascia inalterate tutte le altre caselle e clicca su "Salva impostazioni". Ecco il risultato:

SEGRETO n. 14: inserisci le stesse parole chiave nell'indirizzo, nel titolo e nella descrizione del blog.

Andiamo avanti con la scelta delle opzioni più funzionali. Sempre da "Impostazioni" clicca su "Pubblicazione". Se non hai scelto un dominio personalizzato di primo livello e preferisci mantenere quello di secondo livello offerto da Blogger, inseriscilo nell'apposita casella, poi copia le lettere colorate di verifica e clicca su "Salva impostazioni".

Indirizzo Blog*Spot   http:// blog-esempio .blogspot.com
A seconda della disponibilità.

Verifica parola

dianess

Inserisci i caratteri dell'immagine.

SALVA IMPOSTAZIONI

Adesso passiamo a delle impostazioni molto importanti.

Clicca su "Commenti". Seleziona le seguenti caselline:

- Commenti: *Mostra*;

- Chi può fare commenti? *Chiunque*;

- Posizionamento modulo dei commenti: *Incorporato sotto il post*;

- Impostazione predefinita dei commenti per i post: *I nuovi post hanno commenti*;

- Link a ritroso: *Mostra*;

- Impostazione predefinita dei link a ritroso per i post: *I nuovi post hanno link a ritroso;*

- Formato ora commenti e Messaggio del modulo dei commenti: *lascia tutto così com'è;*

- Moderazione commenti: *Sempre;*

- Indirizzo email: *inserisci il tuo;*

- Mostra la verifica parole per i commenti? *Sì;*

- Mostrare immagine profilo nei commenti? *Sì;*

- Email per notifica commenti: *lascia pure vuoto questo spazio.*

A questo punto clicca su "Salva Impostazioni".

In sostanza, cosa hai fatto? Hai scelto che tutti i visitatori del tuo blog, in linea di massima, **possano lasciare i loro commenti**. Per farlo, dovranno prima digitare un **codice di verifica**. A quel punto, tu sarai avvisato, tramite email, del fatto che qualcuno ha scritto il suo commento, e **potrai esaminarlo**, decidendo se consentirne o meno la pubblicazione.

Tutto questo è molto utile. Come abbiamo già detto, una caratteristica dei blog, che li rende estremamente dinamici e interattivi, è la possibilità che è data ai lettori di lasciare i propri commenti in calce ai post pubblicati dall'autore del blog. Così si instaura un dialogo tra l'autore e i lettori, e tra i lettori stessi: ne possono venire fuori discussioni molto interessanti e costruttive, che, oltre tutto, danno all'autore la possibilità di dare ulteriore dimostrazione della sua competenza su un certo argomento e della sua disponibilità ad approfondirlo.

Ogni medaglia, però, ha il suo rovescio. Innanzi tutto, c'è il problema dello **spam**: ci sono persone che lasciano i loro commenti insieme al link del loro sito, o della pagina promozionale di un prodotto, e ciò al solo scopo di farlo cliccare, e così ottenere visitatori o acquirenti. Addirittura, esistono programmi in grado di lasciare questi commenti in automatico.

Blogger, a differenza di Wordpress, **non possiede un filtro antispam** che impedisca la pubblicazione di commenti di questo genere. Però il rimedio c'è. Attivando, come abbiamo fatto, la necessità che l'utente, nel lasciare il proprio commento, digiti un codice di verifica, **abbiamo limitato fortemente la possibilità di spam.**

Un altro inconveniente risiede nella scarsa civiltà di certi utenti, che concepiscono la vita come una perenne zuffa. Così, in alcuni blog è possibile imbattersi in commenti **che degenerano** in vere e proprie risse tra i lettori, con tanto di insulti.

I commenti di questo tipo non giovano certamente all'immagine del blog che li ospita e possono essere fonte di guai, se hanno carattere ingiurioso o diffamatorio.

Ma tu hai scelto di essere avvisato quando qualcuno lascia il suo commento e di poterlo moderare: vale a dire, **di scegliere se merita di essere pubblicato oppure no**. Ciò eviterà che tu possa ritrovarti sul blog commenti inopportuni e costituirà un ulteriore deterrente contro lo spam.

Ora vai di nuovo sulla tua Bacheca.

Clicca su "Modifica foto", poi, cliccando sul tasto "Sfoglia", carica una tua bella immagine, in primo piano.

Foto

URL della foto

Dal computer:

Sfoglia...

Dal web

Clicca su "Salva profilo".

Adesso, dalla Bacheca, clicca su "Modifica profilo". Si aprirà una finestra con i vari elementi che compongono il tuo profilo. Riempi tutti i campi con cura: questo servirà per farti conoscere meglio dai tuoi lettori. Poi clicca su "Salva profilo".

Bene, hai costruito il tuo blog su Blogger. A dire il vero, si presenta un po' piatto e banale nella grafica. Ma ora vedremo come renderlo personale, originale e gradevole.

Esistono numerosi siti che consentono di scaricare gratuitamente tante vesti grafiche per il tuo blog (*templates*). Puoi trovarne in gran quantità digitando su Google "templates blogger", "template blogger", oppure "temi blogger". Avrai l'imbarazzo della scelta.

Ti consiglio di visitare questi siti con calma; se trovi qualche modello che ti piace, salva la pagina che lo contiene tra i "Preferiti" e poi torna a visitarla, in modo di fare una selezione tra i *templates* che più ti interessano.

SEGRETO n. 15: cerca su Internet un template gratuito che ti piaccia e che possa rendere il tuo blog più personale.

Poniamo che ti piaccia questo:

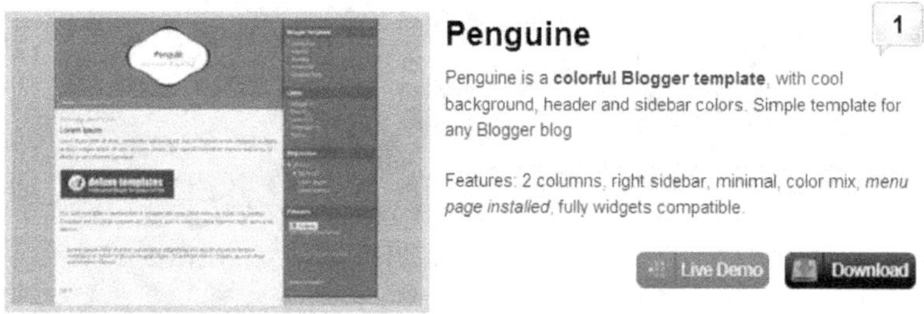

Fai il download. Avrai un file compresso, come questo:

Se non disponi di un programma, come Winzip, che legge questo tipo di file, puoi scaricare gratuitamente IZArc, un programma gratuito, da questo link. Se, per qualche ragione, il link non dovesse funzionare, puoi trovarlo su Google digitando i termini "download izarc italiano".

Apri il file compresso. Troverai diversi file, di cui uno con il suffisso .xml:

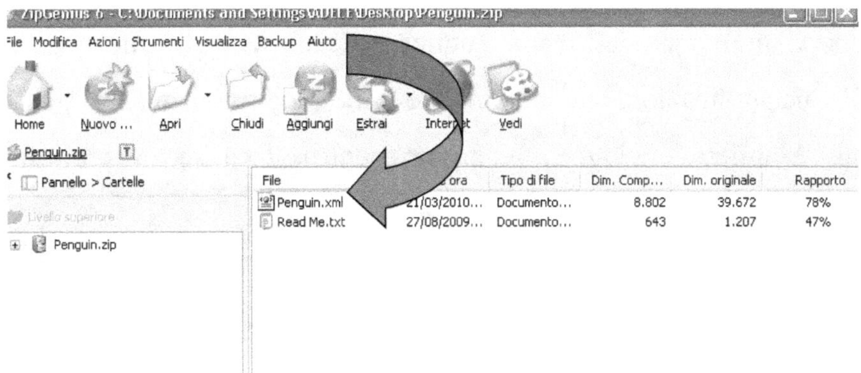

Estrailo, utilizzando la funzione "Estrai" presente su tutti i programmi come WinZip, IZarc e similari. Comparirà l'icona del file nella cartella nella quale lo hai estratto:

Ora, dalla Bacheca, clicca su "Layout", poi su "Modifica HTML". Vedrai questa finestra:

Esegui backup/ripristino modello

Prima di modificare il modello, ricordati di salvarne una copia. Scarica modello completo

Carica un modello da un file sul tuo disco rigido: [ ] [Sfoglia...] [Carica]

Cliccando su "Sfoglia", seleziona il file .xml che hai scaricato. Poi clicca su "Carica". Potrebbe spuntare un avviso che ti dice che il nuovo modello non contiene alcuni widget, vale a dire alcune applicazioni che attualmente il tuo blog possiede. Tu clicca su "Mantieni i widget". A questo punto clicca su "Visualizza blog" e goditi il risultato.

Ora torna sulla Bacheca, clicca su "Layout" e poi su "Elementi pagina". Sulla destra, troverai una casellina denominata "About me" o "Profilo".

Clicca su "Modifica". Ricordi quando abbiamo impostato il tuo Profilo e ti ho consigliato di compilarlo con molta cura? Questa casella serve proprio per consentire ai tuoi visitatori di visualizzare il tuo profilo ei tuoi dati essenziali. Bene, cliccando

su "Modifica" si aprirà una finestra come questa:

Nella casella "Titolo" puoi scrivere "Chi sono" e cliccare su "Salva". Clicca di nuovo su "Salva" e poi su "Visualizza blog": così, sul tuo blog comparirà una tua breve presentazione:

Il visitatore che vuole conoscerti meglio cliccherà su "Visualizza il mio profilo completo". Accederà così al tuo Profilo, dove sono indicati anche i tuoi interessi: questo servirà a creare un rapporto più "personale".

Come vedremo più avanti, per promuovere efficacemente la tua immagine su Internet occorre che tu venga percepito come una persona "vera", con degli interessi, dei gusti, uno stile, una personalità ben precisa.

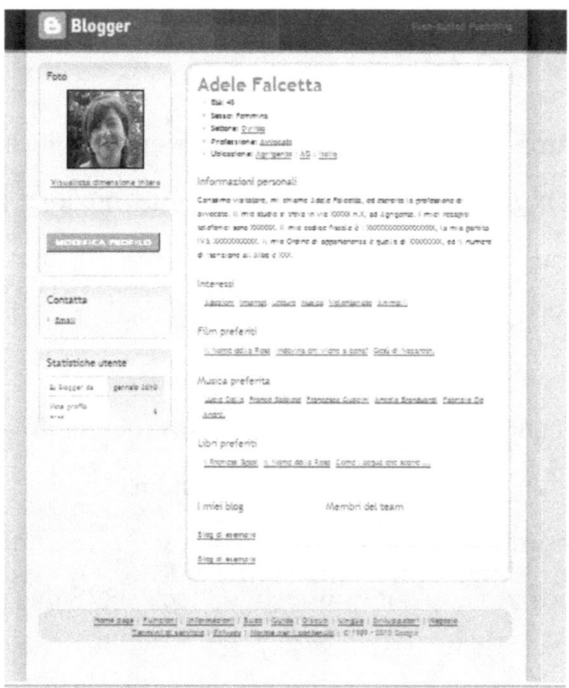

Inoltre, come approfondiremo meglio il Settimo Giorno, sul blog vanno indicati alcuni elementi: le generalità dell'avvocato, l'Ordine di appartenenza al numero di iscrizione all'albo, il codice fiscale, la partita IVA, i recapiti. È il caso, quindi, di inserire tutti questi dati nel Profilo.

A questo punto, è opportuno inserire **un breve testo di benvenuto**, che spieghi meglio ai tuoi visitatori chi sei, di cosa ti occupi, quali sono le tue esperienze in un certo campo e perché il tuo blog può essere loro utile.

Torna sull'area di amministrazione "Layout" e clicca ancora su "Aggiungi un gadget". Questa volta, scegli l'opzione "Testo". Si apre un'altra finestra, nella quale scrivere un breve testo di presentazione. Quando hai finito, clicca su "Salva".

Poi, posizionandoti sulla colonna di destra (quella dove appare la scritta "Aggiungi un gadget"), punta il mouse sugli elementi che hai finora inserito (profilo e testo) e falli scorrere, in modo che il profilo sia posizionato sopra il testo. Clicca su "Salva" ed ecco il risultato:

A questo punto devi aggiungere un importante elemento, che ti consentirà di avere una lista di persone iscritte al tuo blog: persone potenzialmente interessate a quello che offri, che potrai (anzi, dovrai) contattare spesso, per proporre i tuoi servizi. Occorre un **modulo di iscrizione**.

Di tanto in tanto, contatterai i tuoi iscritti per aggiornarli sui contenuti del tuo blog, su particolari iniziative, su nuovi servizi. Vediamo quindi come inserire nel tuo blog un apposito modulo, che consenta ai visitatori di iscriversi.

Per farlo, ti serve **un autorisponditore**. Si tratta di un sistema che consente di installare sul proprio blog o sito un modulo, nel quale il visitatore può lasciare il proprio nomee al proprio indirizzo e-mail. Così facendo, viene iscritto in una lista. Quando decidi di inviare un messaggio ai tuoi lettori, ti basta scriverne il testo, e l'autorisponditore lo invia in automatico. Puoi anche programmare anticipatamente i messaggi da inviare e la data in cui farlo: ci penserà l'autorisponditore.

Ma perché la gente dovrebbe iscriversi alla tua lista? Perché proponi contenuti interessanti, ovviamente. Ma questo non basta. Spesso ci comportiamo come bambini: facciamo le cose più volentieri se in cambio otteniamo un regalo.

Cosa potresti regalare ai tuoi lettori? Ovviamente non un prodotto fisico. Puoi regalare **un prodotto digitale**: si può trattare di un ebook, di un *report*, di un programma. In ogni caso, deve essere qualcosa che hai creato tu, o che, pur non essendone l'autore, **puoi distribuire gratuitamente**.

La soluzione più veloce è quella di scaricare sul tuo computer qualche ebook gratuito che sia anche di qualità. Di solito, si tratta di prodotti che è possibile distribuire liberamente.

Un esempio è quello degli infoprodotti gratuiti offerti da Bruno Editore. Iscrivendoti gratuitamente al sito della casa editrice, hai a disposizione alcuni ebook gratuiti liberamente distribuibili (a patto, naturalmente, di non apportarvi nessuna modifica). Secondo l'argomento trattato dal tuo blog, puoi valutare se, tra questi, ce n'è qualcuno che potrebbe interessare ai tuoi lettori.

Un'altra possibilità, ancora più produttiva, è quella di offrire un breve *report* scritto da te.

Qual è l'argomento del tuo blog? Cosa potresti scrivere in merito, che sia utile e interessante per i tuoi lettori? Ad esempio: se ti occupi di infortunistica stradale, un piccolo vademecum su come comportarsi in caso di sinistri. Se il tuo argomento riguarda le separazioni e i divorzi, il titolo (che deve essere veritiero e, nel contempo, tale da incuriosire) potrebbe essere "Cinque cose che devi sapere se vuoi separarti" e così via.

Non deve trattarsi di un ebook vero e proprio, ma di un *report*, vale a dire un mini-ebook che puoi scrivere in mezzora, massimo un'ora. Quindici, venti pagine, non di più; purché i contenuti siano sostanziosi. Offrire in regalo un mini-ebook scritto da te presenta almeno due vantaggi. Innanzi tutto, rafforza agli occhi dei tuoi lettori la tua immagine di professionista esperto nell'argomento che forma l'oggetto del tuo blog. Inoltre, ti consente di proporre un regalo che sia il più possibile aderente agli interessi dei tuoi visitatori (se una persona visita il tuo sito perché interessata all'argomento del risarcimento danni, ovviamente gradirà avere in regalo un ebook che si occupi di questo, piuttosto che di tecniche di memorizzazione).

84

Nel prossimo capitolo vedremo passo passo come procedere. Per ora, comincia a pensare quali potrebbero essere il titolo e l'argomento della tua piccola opera.

RIEPILOGO DEL GIORNO 3:

- SEGRETO n. 11: scegli con molta cura le parole che comporranno l'indirizzo del tuo blog, selezionandole tra quelle più ricercate.

- SEGRETO n. 12: è consigliabile che indirizzo e titolo del tuo blog contengano le stesse parole chiave.

- SEGRETO n. 13: scegli un dominio di primo livello per dare all'esterno un'immagine più professionale e per collocarti più velocemente sui motori di ricerca.

- SEGRETO n. 14: inserisci le stesse parole chiave nell'indirizzo, nel titolo e nella descrizione del blog.

- SEGRETO n. 15: cerca su Internet un *template* gratuito che ti piaccia e che possa rendere il tuo blog più personale.

GIORNO 4:

Come migliorare il proprio blog

Dicevamo che per invogliare i tuoi visitatori a iscriversi alla tua *mailing list* devi offrire loro in cambio qualcosa che sia, al contempo, **gratuito** e **utile**. L'ideale sarebbe un ***report***, vale a dire un mini ebook, scritto da te, che sia interessante e pertinente con l'argomento del quale ti occupi.

L'ebook va proposto **in formato PDF**; quest'ultimo, infatti, consente di dare al tuo lavoro una veste più professionale e non è facilmente modificabile. Word 2007 presenta un componente aggiuntivo che permette di memorizzare i *file* in questo formato. È possibile scaricarlo dall'apposito sito, rinvenibile digitando su Google "componente aggiuntivo word pdf". Se non ti è possibile utilizzare Word 2007, ti consiglio di scaricare **Openoffice**: è un pacchetto gratuito, che non necessita di licenza, del tutto equivalente al più pesante (anche economicamente) Microsoft Office. Puoi scaricarlo da qui. Se il link non funziona, trovalo su Google digitando "download openoffice italiano". Una novità molto interessante di questa *suite* di programmi è che, adesso, è disponibile anche la versione *Portable* (scaricabile da qui o digitando su Google "openoffice portable download"): la carichi sulla tua *pen drive* USB e la utilizzi ovunque, con il vantaggio ulteriore di non occupare memoria sul computer.

A questo punto, scrivi con il programma di videoscrittura di Openoffice così come faresti con Word; al termine, salva il file con l'apposita opzione che ti consente di farlo in formato PDF e il gioco è fatto.

In ogni caso, per rendere il *report* scaricabile dai lettori che si iscriveranno alla tua lista, **dovrai trasferirlo su uno spazio web**. Non ti spaventare: ti spiego passo passo come si fa.

Per cominciare, occorre uno spazio web sul quale trasferire il *file* o i *file* che ti interessano. Una buona possibilità gratuita è quella offerta da Altervista. Ora ti mostrerò la procedura nel caso tu volessi usare questo servizio; tieni comunque presente che essa è simile anche qualora tu scelga di utilizzare uno spazio web fornito da altri, gratuito o a pagamento. Vai sul sito di Altervista (oppure digita su Google "altervista"), che si presenta così:

Scrivi il nome che vorresti dare al tuo sito e clicca su "Prosegui".
A questo punto si apre una finestra. Riempi tutti i campi, copia il
codice, spunta "Accetto i termini e le condizioni", clicca su
"Prosegui". Ti arriverà un'email con un link, che dovrai cliccare
per confermare la tua iscrizione. Quando ciò avverrà, si aprirà
un'apposita finestra che ti segnalerà che l'iscrizione è avvenuta
con successo.

Nell'email che riceverai, ci saranno anche *username* e *password*
per fare il *login* al sito. La *password* è piuttosto complessa;
conservarla in un luogo sicuro, o, se preferisci, cambiala. Se vuoi
cambiarla, dopo aver fatto il *login*, vai su "Io" poi su "Profilo".
Da qui vai sulla parte relativa al cambiamento di password.
Completa i campi, poi clicca su "Cambia password".

Bene, adesso hai uno spazio web sul quale caricare i tuoi *file*. Ti servirà in diverse occasioni, ma, in questo momento, vediamo come utilizzarlo per consentire a coloro che si iscriveranno alla tua lista di scaricare i regali loro riservati.

Devi caricare i *file* sullo spazio web, e per farlo ti serve un programma apposito, detto **FTP**. Questa è una sigla che sta per *"File Transfer Protocol"*, una funzione di Internet utilizzata per il trasferimento di *file*. Io mi trovo molto bene con un programma gratuito: **Filezilla**. Puoi scaricarlo <u>da qui</u>. Come sempre, se il link non dovesse funzionare, puoi cercarlo su Google digitando i termini di ricerca "download filezilla italiano". Prima di utilizzarlo, vai a rivedere l'email che hai ricevuto da Altervista, contenente tutti i tuoi dati di accesso. Prendi nota di questa parte:

```
-- Accesso FTP, le impostazioni iniziali:

Server: sitoesempio1.altervista.org
Username: sitoesempio1
Password: fotnokubfu28
Porta: 21
Tipo di connessione: PASV (modalita` passiva)
```

Apri Filezilla e riporta questi dati negli appositi spazi: *server* (nel nostro caso, *sitoesempio1.altervista.org*), ***username*** (*sitoesempio1*), **password** (quella contenuta nella email o quella da te scelta, se l'hai cambiata), **porta** (21). Poi clicca su "Connessione rapida".

Dopo alcuni secondi, **sulla parte sinistra** della schermata appariranno tutti i *file* da te memorizzati nella varie cartelle del tuo computer. Puoi scorrerli e selezionarli cliccando su di essi. **Sulla parte destra**, appariranno i *file* contenuti nel tuo sito Altervista (ancora, in questa fase, le cartelle del sito sono vuote: sono presenti soltanto due file già preimpostati). L'immagine seguente ti mostra, con due frecce, cosa intendo per "parte sinistra" e "parte destra" della schermata del programma.

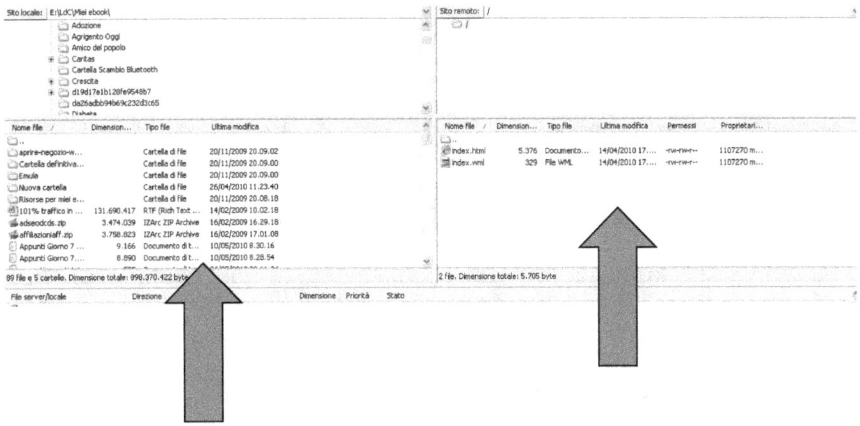

A questo punto, seleziona, tra i tuoi *file* che appaiono nella parte sinistra, quello che vuoi caricare sul sito Altervista. Fai clic con il tasto destro del *mouse* e seleziona "Invia". Pochi secondi e il *file* risulterà presente anche nella parte destra dello schermo, tra quelli caricati nel sito.

Nell'immagine che segue ti mostro come ho selezionato, tra i *file* memorizzati nel mio computer, un *Report* distribuito da Bruno Editore. Vedi?

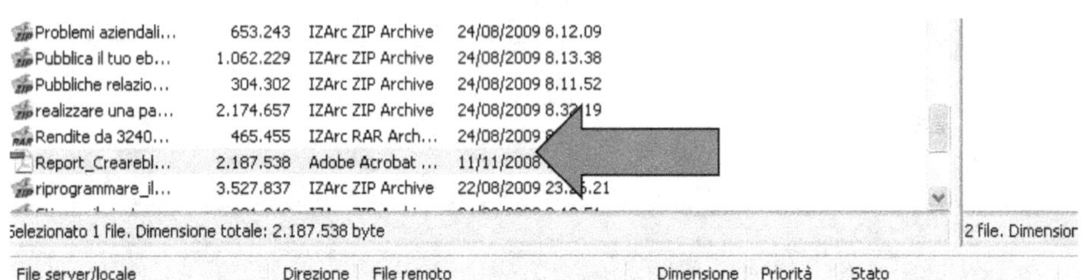

Cliccando sul tasto destro del *mouse*, seleziona "Invia"e al *file*, dopo alcuni secondi, apparirà anche sulla parte destra della schermata, tra quelli presenti nel sito Internet. Così:

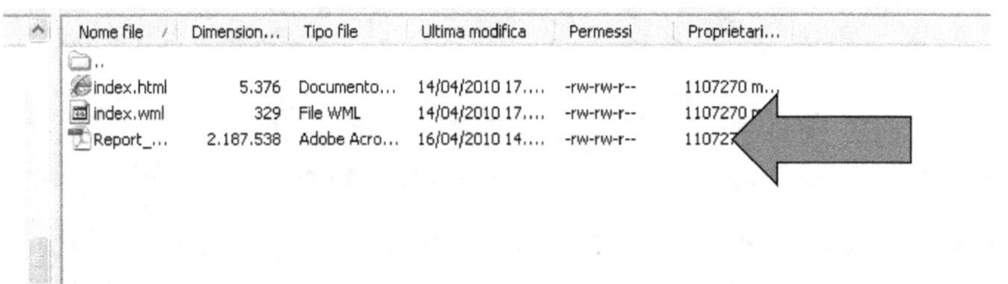

A questo punto, vai su Altervista, fai il *login*, seleziona "Altersito" e poi "Gestione File". Appaiono i *file* che hai caricato sul sito, tra cui il *Report* che hai appena trasferito:

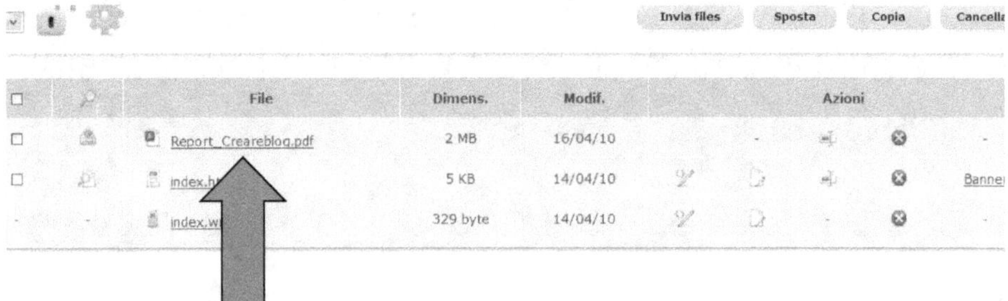

Fai clic sul link corrispondente al file che hai caricato sul sito. Ecco cosa apparirà:

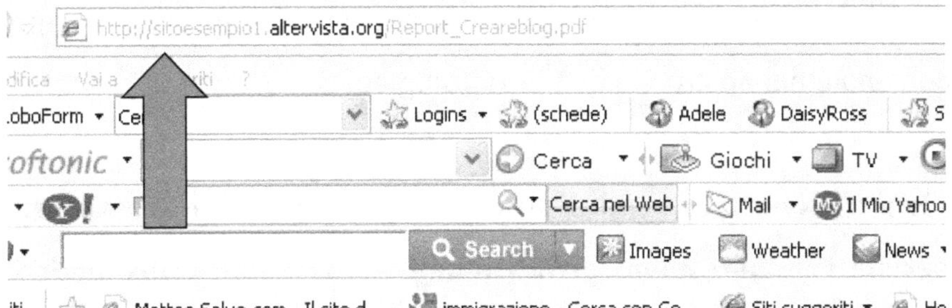

L'indirizzo che appare nella barra del browser è il link che dovrai utilizzare per consentire ai tuoi iscritti di scaricare l'ebook.

Torniamo al nostro autorisponditore. Per averne uno e poterlo integrare con il tuo blog, dovrai iscriverti ad un apposito servizio. Ce ne sono molti in giro: alcuni gratuiti, altri a pagamento. **Ti sconsiglio decisamente quelli gratuiti**: questi servizi, infatti, quando inviano le email ai tuoi iscritti, allegano anche dei messaggi pubblicitari. Del resto, questo è abbastanza normale. I gestori del servizio si fanno pagare dalle ditte che pubblicizzano; altrimenti, per loro offrirti un servizio gratuito non avrebbe senso e sarebbe antieconomico.

Il fatto è che i messaggi pubblicitari presentano **due svantaggi**:

rendono meno professionale la tua immagine e nel contempo distolgono l'attenzione del destinatario dal tuo messaggio. Oltretutto, detti messaggi sono in contrasto con importanti norme contenute nel nostro Codice Deontologico.

SEGRETO n. 16: evita di utilizzare autorisponditori gratuiti, perché rendono meno professionali le tue email e distolgono l'attenzione dei destinatari dal tuo messaggio.

Meglio, quindi, un servizio a pagamento. Ce ne sono diversi, che prevedono il versamento di una quota mensile tutto sommato accettabilissima. Tra questi ti posso segnalare: Autoresponder.it, che è un servizio in inglese con un sito di presentazione e l'assistenza in italiano; Getresponse, in inglese; Autorisponditori.com, completamente in italiano.

Una volta scelto il servizio, verrai guidato in una procedura che ti consentirà di impostare la tua *mailing list*. Non posso spiegarti come fare in questa sede, perché la procedura varia da un autorisponditore all' altro. Però, specie se hai scelto un servizio in italiano, tutto ti sarà spiegato passo passo e non avrai nessuna difficoltà.

Durante la procedura, ci sarà un momento in cui dovrai inserire il *link* dell'ebook che hai scelto di regalare ai tuoi iscritti. Così facendo, quando qualcuno si iscriverà alla tua *mailing list*, riceverà in automatico un messaggio di benvenuto contenente il *link* e potrà scaricare il regalo.

Alla fine della procedura, il servizio ti fornirà **un codice HTML o Javascript**. Ecco un esempio:

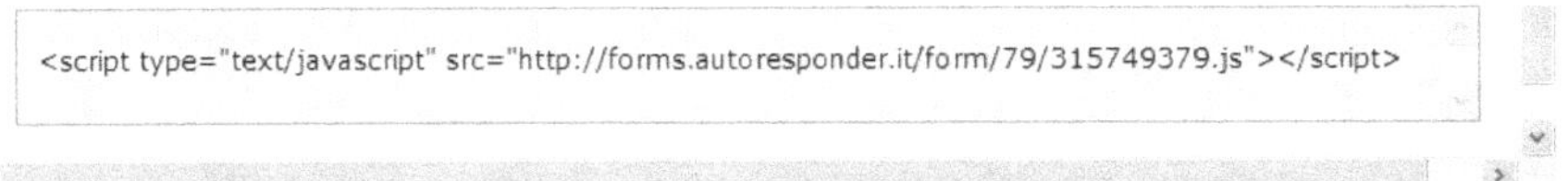

Se non conosci questo linguaggio, non ti impressionare: **è assolutamente irrilevante**. Tu **devi limitarti a copiare** il codice così com'è, selezionandolo tutto e poi scegliendo l'opzione "Copia". Copialo quindi, poi vai sulla Bacheca del tuo blog, clicca su "Layout", su "Aggiungi un gadget", su "HTML/Javascript". Si aprirà una finestra: incollaci dentro il codice, cliccando con il tasto destro del mouse e selezionando "Incolla".

Poi clicca su "Salva" e il risultato sarà più o meno questo:

Naturalmente **potrai scegliere grafica e colori diversi**, da armonizzare con il tuo blog. Ogni servizio di autorisponditori che si rispetti consente una scelta molto ampia: ti potrai sbizzarrire. **Ci sono, però, dei punti fermi** ai quali ti consiglio di attenerti.

Cominciamo **dall'intestazione del modulo**. Potrai compilarla sia nella procedura guidata prevista dal servizio di autorisponditori, sia, come io ho fatto in questo esempio, dal *gadget* di Blogger. Se, infatti, torni a guardare l'immagine del modulo sul quale ho incollato il codice, vedrai che ho scritto, nella finestra "Titolo", questa frase: *"Vuoi un regalo? Iscriviti*!*"*. Qualunque soluzione tu scelga, ti raccomando di far precedere il modulo da un'intestazione **che inviti all'azione**, evidenziando **il beneficio** che il visitatore ne ricaverà, vale a dire la ricezione di un regalo.

SEGRETO n. 17: nell'intestazione del modulo per l'iscrizione, metti in evidenza il beneficio che il visitatore riceverà.

Seguono le caselline in cui il visitatore che si vorrà iscrivere dovrà inserire **il proprio nome** e **l'indirizzo email**. Probabilmente il servizio di autorisponditori che sceglierai ti darà la possibilità di inserire nel modulo di iscrizione anche altre caselle, ad esempio per il cognome, la data di nascita, l'indirizzo del visitatore. Certo, ci saranno casi in cui raccogliere questi elementi potrà avere una qualche utilità, **ma in linea di massima ti sconsiglio di inserirli**: molte persone, un po' per riservatezza, un po' per diffidenza, sono restie a lasciare i propri dati completi; invece, indicando soltanto nome (senza cognome) ed email, si sentono più "al sicuro". Limitati, quindi, a prevedere queste due caselline.

Il visitatore, dopo avere inserito i propri dati, dovrà cliccare sul **pulsante di iscrizione**. Ti consiglio di personalizzarlo (i servizi di autorisponditori ne danno la possibilità) con una scritta del tipo "*Iscrivimi*" o, ancora meglio "*Sì, voglio il regalo!*"

Infine, **devi rassicurare** il tuo lettore sul fatto che **potrà cancellarsi** in qualsiasi momento dall'iscrizione e che tu **non pratichi** *spam*. Tutti abbiamo avuto la spiacevole esperienza di ricevere messaggi email indesiderati. C'è chi raccoglie gli indirizzi dei propri visitatori e poi li cede ad altri a pagamento, o comunque ne consente l'utilizzo da parte dei propri partner, con il risultato che una persona si iscrive a un sito che tratta un certo argomento, per poi vedersi arrivare proposte commerciali di ogni tipo. Inoltre, la gente teme che, una volta iscritta a una certa lista, avrà difficoltà a cancellarsi qualora non abbia più interesse a mantenere l'iscrizione.

In realtà, i migliori servizi di autorisponditori prevedono che, alla fine di ogni email che viene inviata agli iscritti, sia presente un link da cliccare nel caso in cui ci si voglia cancellare dalla lista. Accertati che l'autorisponditore che sceglierai preveda questa importante (e rassicurante) funzione. È quindi opportuno prevedere nel modulo di iscrizione una frase del tipo: *"I tuoi dati non verranno mai ceduti a terzi. Io combatto lo spam. Potrai cancellarti in qualunque momento."* Abbiamo visto che **è possibile organizzare l'ordine** delle varie finestre presenti sul blog, semplicemente andando su "Layout", puntando il *mouse* sulle caselline a destra e facendole scorrere secondo le proprie esigenze. Alla fine, occorre salvare le modifiche apportate cliccando su "Salva".

A tal proposito, ti consiglio di posizionare il modulo per l'iscrizione alla *mailing list* **in alto**, sopra il testo di benvenuto e il tuo profilo. In questo modo, l'invito a iscriversi (con la possibilità di ricevere un regalo) **sarà una delle prime cose che i visitatori vedranno.** Constatando che dall'iscrizione ricaveranno soltanto un beneficio, senza alcun rischio, e che a tal fine è sufficiente scrivere nome e indirizzo email, nella maggior parte dei casi si iscriveranno senza pensarci più di tanto.

Se, invece, il modulo viene posizionato più in basso, potrebbe anche essere visto in un secondo momento, quando l'attenzione del visitatore è già concentrata su qualcosa di diverso. In tal caso, l'iscrizione potrebbe essere rinviata **o non avvenire affatto.**

SEGRETO n. 18: posiziona il modulo per l'iscrizione in alto, prima di ogni altro testo o immagine, in modo che sia ben visibile da chi arriva sul blog.

Come vedi, il tuo blog **sta prendendo forma**. Però non abbiamo ancora finito: **dobbiamo aggiungervi altre importanti funzioni,** che lo renderanno un potente strumento di lavoro. Dobbiamo inserire degli elementi che potranno esserti utili per comunicare con i tuoi visitatori.

Come puoi comunicare? Oltre che **via email** e **per telefono**, puoi utilizzare **la *chat*** e **le videochiamate.**

Il termine *chat* significa, letteralmente, "chiacchierata": è uno strumento che viene molto adoperato e che, come potrai convenire, presenta aspetti positivi e negativi. Ritengo piuttosto inconcludente chattare per ore con persone che non si conoscono, girando attorno ad argomenti vuoti e superficiali: ma questo attiene alle scelte personali di ciascuno di noi. La *chat* diventa invece un utilissimo strumento di lavoro quando, in un blog di carattere professionale, consente di stabilire **un immediato contatto** con i visitatori, fornendo chiarimenti e instaurando un rapporto più diretto.

Su Internet vi sono molte **risorse gratuite** che consentono di inserire nel proprio blog o sito un modulo per la *chat*.

C'è un servizio che riassume **una serie di interessanti funzioni**: la chat, appunto, ma anche la possibilità di telefonare gratuitamente o a tariffe competitive, o di effettuare delle videochiamate: si tratta di ***Skype.*** Per scaricarlo, vai sul sito ufficiale, <u>cliccando qui</u>, oppure digitando "skype download italiano" su Google.

Clicca su "Scarica" e poi su "Scarica subito". Si aprirà questa finestra:

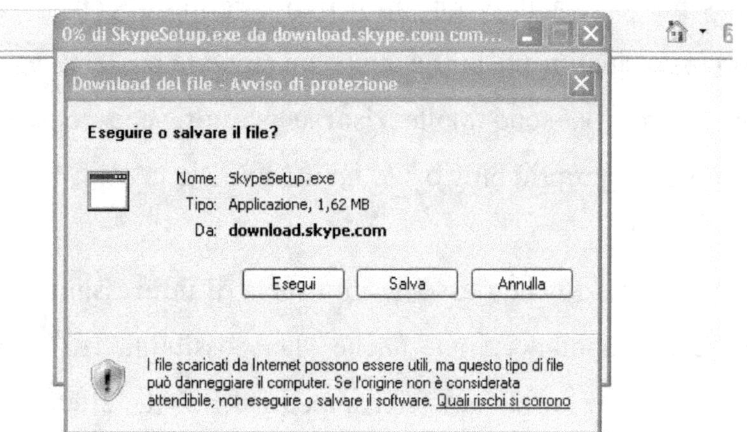

Clicca su "Esegui", poi ancora su "Esegui" e la procedura di installazione, assolutamente intuitiva, si avvia. Devi inserire il tuo nome completo (nome e cognome) e lo username che vorrai adoperare su Skype (scegli un username "serio": dovrai farne un uso professionale, quindi potrà anche essere il tuo nome e cognome); indica una password e poi inserisci il tuo indirizzo email. Questa è la schermata con le caselle che devi riempire:

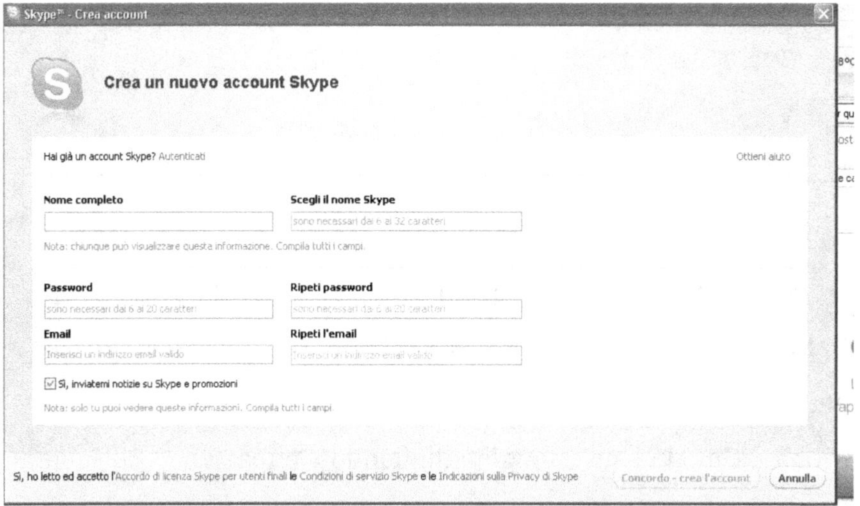

Alla fine della procedura di installazione, appare una finestra di benvenuto:

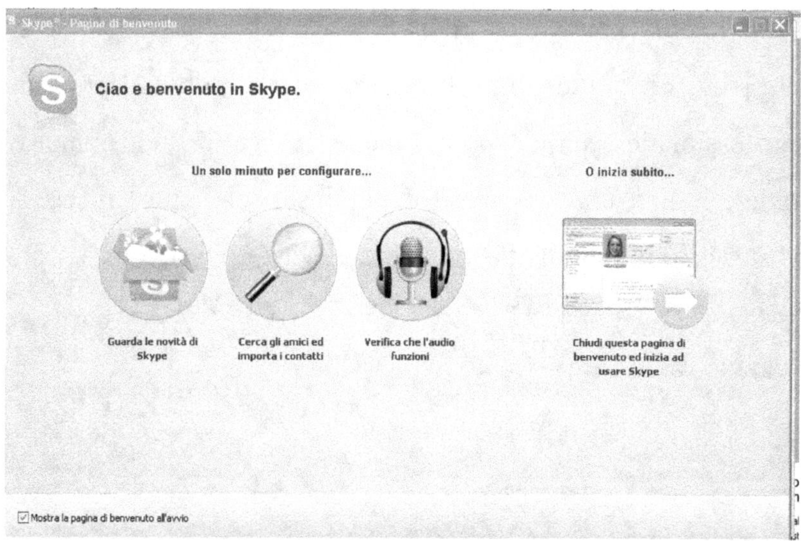

Ora dobbiamo creare **un pulsante** Skype da inserire sul blog. Semplicemente cliccandolo, i tuoi visitatori avranno la possibilità di entrare subito in contatto con te. Clicca qui. Se il link non funziona, cercalo su Google digitando "creazione pulsante skype". Si apre una pagina in cui devi inserire, innanzi tutto, il tuo nome Skype, quello che hai scelto al momento dello scaricamento del programma, e selezionare uno dei pulsanti tra quelli che vengono proposti. A questo punto, **compare un codice** da copiare sul tuo blog:

Preview your button

Copy & paste this code

Show ⊙ Web HTML ○ Email HTML
Save this html snippet to your computer.

```
Skype 'Skype Me™!' button
http://www.skype.com/go/s
kypebuttons
-->
<script
type="text/javascript"
src="http://download.skyp
e.com/share/skypebuttons/
js/skypeCheck.js"></scrip
t>
```

Selezionalo tutto, clicca sul tasto destro del *mouse*, scegli "Copia". Poi vai su Blogger e da "Layout" (ormai dovresti conoscere la procedura, ma meglio ripetersi) scegli "Aggiungi un gadget" e poi "HTML/Javascript". Incolla nella finestra il codice che hai copiato, inserendo il titolo *"Chiamami su Skype!"*

```
<!--
Skype 'Skype Me™!' button
http://www.skype.com/go/skypebuttons
-->
<script type="text/javascript"
src="http://download.skype.com/share/skypebuttons/js/sky
peCheck.js"></script>
<a href="skype:adele.falcetta?call"><img
src="http://download.skype.com/share/skypebuttons/button
s/call_blue_white_124x52.png" style="border: none;"
width="124" height="52" alt="Skype Me™!" /></a>
```

Clicca su "Salva", poi fai scorrere il nuovo elemento che hai aggiunto sotto quello contenente il tuo Profilo e clicca di nuovo su "Salva". Ed ecco il nostro pulsante:

Come ti ho detto, le funzioni di Skype sono molte e interessanti. Ti consiglio di prendere un po' di confidenza con questo strumento, esplorandolo e leggendo bene le istruzioni. Per poterlo utilizzare pienamente, ti servono due accessori che potrai reperire al prezzo che ritieni più opportuno spendere (anche pochissimo!): una cuffia con microfono e una telecamera. Peraltro, si tratta di due accessori che potranno esserti utili anche per altre ragioni, che ti spiegherò più avanti: ti conviene, quindi, acquistarli.

Se poi vuoi inserire nel tuo blog anche una finestra dedicata esclusivamente alla chat, c'è il servizio gratuito fornito da Meebome.com, cui puoi accedere cliccando qui o digitando su Google "meebome.com". La procedura è semplice e articolata **in tre passi.**

Primo passo: scegli il titolo da dare alla finestra che apparirà sul blog, il tuo username, le dimensioni e il colore della finestra. Come titolo, puoi scegliere una frase del tipo "Vuoi comunicare subito con me?".

Poi clicca su "Next".

Secondo passo: nella finestra successiva ti viene richiesta l'iscrizione al sito. Inserisci uno username a tua scelta, il tuo nome, l'indirizzo email, una password, sesso ed età. Poi clicca su "Next".

Infine, il **terzo passo**: nell'ultima finestra appare un codice. Con la procedura che già conosci, inseriscilo nel tuo blog scegliendo l'opzione "Aggiungi un gadget".

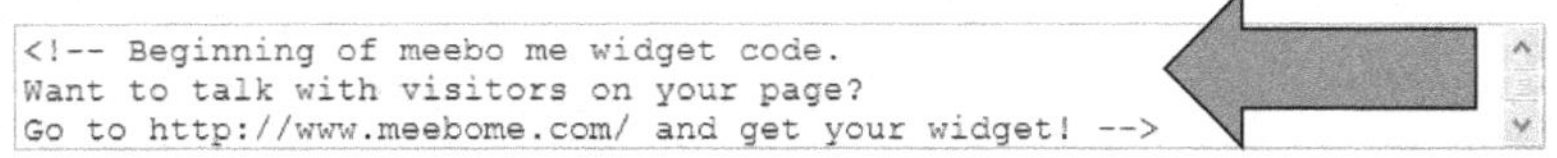

Ecco il risultato:

Ci rimane da aggiungere **un ultimo importante elemento**, che ti servirà per conoscere il numero di visitatori giornalieri, settimanali, mensili del tuo blog. Ti serve **un contatore delle visite**. Personalmente uso quello fornito gratuitamente da Vivistats, che puoi raggiungere cliccando qui o digitando su Google "vivistats".

SEGRETO n. 19: per controllare la quantità di visite che ricevi, inserisci nel tuo blog un contatore di visite.

Il sito di Vivistats si presenta così:

Clicca direttamente su "Enter" e, una volta entrato, sul link "Registrazione" dal Menu Principale:

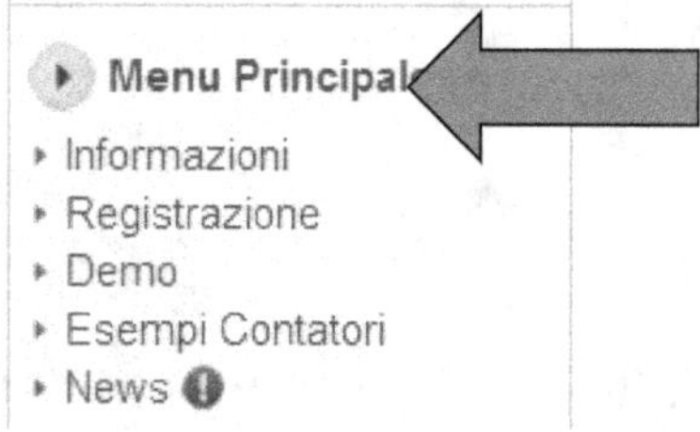

Riempi il modulo che si apre, specificando il tuo nome, il tuo indirizzo email e una password; lascia inalterati gli altri campi, spunta la casella di accettazione delle condizioni contrattuali e clicca su "Inserisci":

Ti arriverà un'email contenente un link da cliccare per confermare l'iscrizione. Cliccalo e torna alla pagina di Vivistats. Effettua l'accesso e clicca su "Aggiungi nuovo sito". Si aprirà un modulo, nel quale dovrai inserire il nome del tuo blog, l'indirizzo, la lingua e scegliere dai menu a tendina la macro categoria (blog) e la micro categoria alle quali può essere ricondotto l'argomento del tuo blog.

Riempi il modulo e clicca su "Aggiungi", poi su "Conferma". Si aprirà un'altra finestra, nella quale dovrai selezionare la piattaforma del tuo blog. Nel nostro caso, è Blogger:

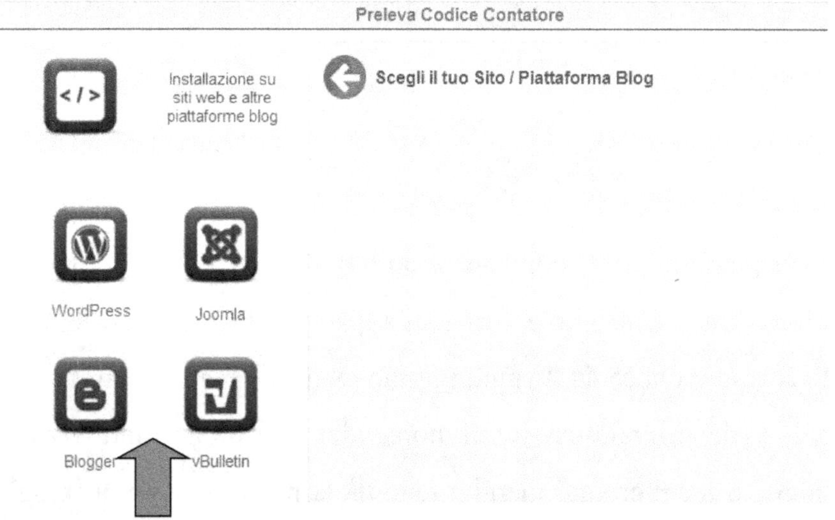

Una volta effettuata la selezione della piattaforma, appare un codice HTML. Seguendo la procedura consueta (questa volta non te la dico!), copia e incollare questo codice sul tuo blog, avendo cura che questo elemento stia in basso, dopo tutti gli altri che hai inserito e quelli che eventualmente aggiungerai in futuro.

Ed ecco il logo del contatore posizionato sotto tutti gli altri elementi del blog:

In qualunque momento, effettuando l'accesso sul sito di Vivistats, potrai conoscere le statistiche delle visite giornaliere, settimanali e mensili al tuo blog. Inoltre, settimanalmente, riceverai via email il riepilogo delle visite degli ultimi sette giorni.

Disporre di un contatore sul proprio blog non risponde a una semplice curiosità. È una funzione molto importante, che ti consente di comprendere se le strategie che attui per avere più visitatori possibili (e di cui parleremo in uno dei prossimi capitoli) funzionano, e quali correzioni sia eventualmente utile apportare.

Inoltre, sapere quante visite ricevi è utile, perché ti permette di comprendere **quanti dei tuoi visitatori si convertono in clienti**, ovvero in persone che, anche in modi diversi, fruiscono dei tuoi servizi.

Quella della quale ci siamo occupati finora è la **Home Page** del tuo blog, vale a dire la "pagina di ingresso", quella che i visitatori vedono per prima. Come vedremo nel prossimo capitolo, vi sono altre pagine che dovrai aggiungere per rendere il tuo blog più completo e funzionale.

La possibilità di aggiungere **nuove pagine** è una funzione che Blogger ha inserito di recente. Fino a qualche tempo fa, i blog creati su questa piattaforma si articolavano su un'unica "paginona"; al contrario, Wordpress consentiva soluzioni più articolate e per questo motivo veniva scelto più di frequente.

Oggi, anche Blogger consente la creazione di blog con **fino a dieci pagine aggiuntive**: più che sufficienti al nostro scopo. Così è possibile coniugare la facilità di utilizzo di questa piattaforma con una struttura più completa. Nel prossimo capitolo vedremo quali pagine ti converrà aggiungere. Per adesso, proviamo a costruire insieme una pagina di prova, per imparare la semplicissima procedura che poi utilizzerai per realizzare tutte le pagine del tuo blog.

Vai sulla Bacheca, quindi su "Layout", su "Post" e su "Modifica Pagine". Clicca su "Nuova Pagina".

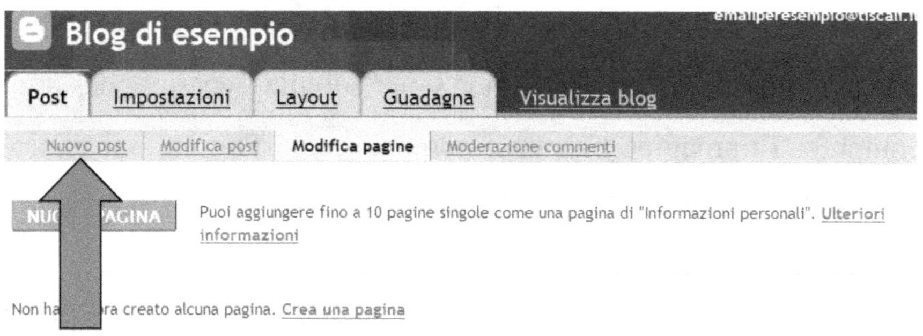

Si apre una finestra. Inserisci il Titolo della Pagina (nel nostro caso, "Prova"):

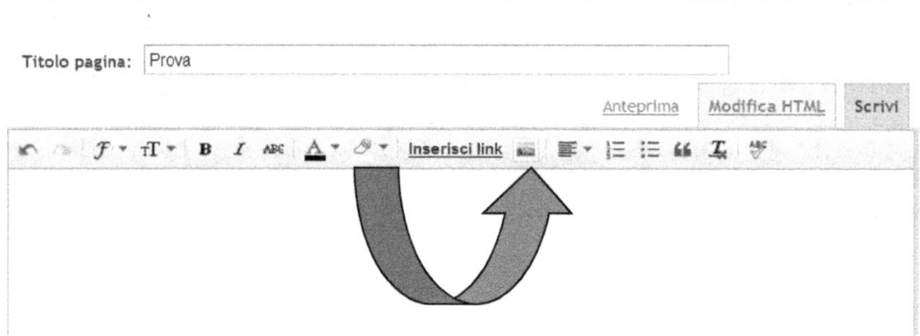

Inserisci un'immagine, cliccando su questa piccola icona posta sulla barra dei comandi:

Si apre una finestra. Cliccando su "Sfoglia", carica dal tuo computer l'immagine che vuoi compaia nella Pagina, poi clicca su "OK":

A questo punto, scrivi il testo. Io, per il nostro esempio, ho inserito il celeberrimo "Lorem Ipsum". Si tratta di un testo campione che viene utilizzato nella tipografia e nella stampa fin dal sedicesimo secolo e che oggi è approdato su Internet.

Clicca su "Pubblica pagina" ed ecco che la pagina che hai aggiunto compare in alto, sotto il titolo del blog:

Cliccando sul Titolo della Pagina (nel nostro caso, "Prova"), questa si apre:

SEGRETO n. 20: aggiungi al tuo blog altre pagine oltre a quella principale, dalle quali poter accedere ai servizi che proponi.

Nel prossimo capitolo esamineremo come, per l'esercizio della tua attività online, sarà necessario aggiungere al tuo blog alcune pagine con contenuti imposti da norme e deontologia. Oltre a queste, ve ne sono altre che puoi utilizzare per mostrare e approfondire i vari servizi che offri sul tuo sito.

Ed ecco il nostro blog di prova, come appare nella sua interezza:

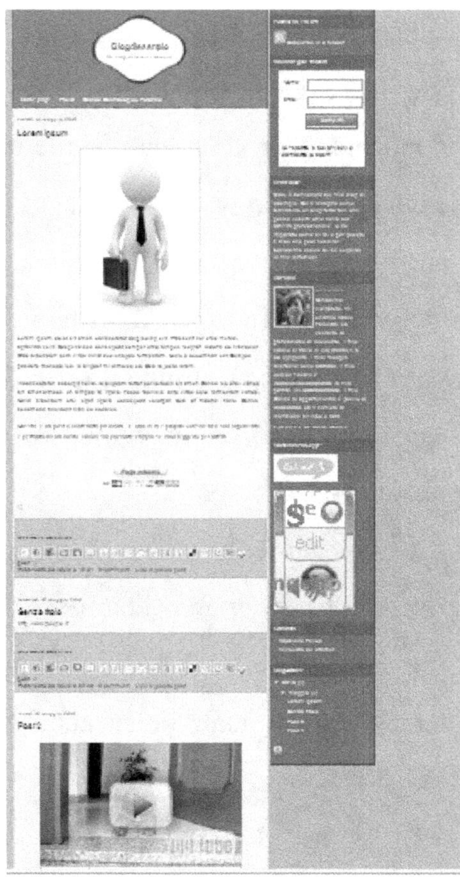

Se vuoi vederlo meglio, puoi farlo a questo indirizzo http://blog-esempio.blogspot.com. Bene, per oggi abbiamo finito. Nel prossimo capitolo vedremo come utilizzare al meglio il blog nell'esercizio della tua professione.

RIEPILOGO DEL GIORNO 4:

- SEGRETO n. 16: evita di utilizzare autorisponditori gratuiti, perché rendono meno professionali le tue email e distolgono l'attenzione dei destinatari dal tuo messaggio.

- SEGRETO n. 17: nell'intestazione del modulo per l'iscrizione, metti in evidenza il beneficio che il visitatore riceverà.

- SEGRETO n. 18: posiziona il modulo per l'iscrizione in alto, prima di ogni altro testo o immagine, in modo che sia ben visibile da chi arriva sul blog.

- SEGRETO n. 19: per controllare la quantità di visite che ricevi, inserisci nel tuo blog un contatore di visite.

- SEGRETO n. 20: aggiungi al tuo blog altre pagine, oltre a quella principale, dalle quali poter accedere ai servizi che proponi.

GIORNO 5:

Come fare blogging business

Il tuo blog è pronto, almeno nella sua struttura essenziale. Oggi vediamo come renderlo **un efficace strumento di lavoro**.

Hai scelto una nicchia in cui eccellere e sei diventato piuttosto bravo in quest'ambito o, quanto meno, stai lavorando con impegno per diventarlo. Cosa puoi fare per rendere ai tuoi lettori un **servizio veramente utile** e nel contempo trarne **vantaggio economico**? Puoi:

- scrivere degli articoli liberamente consultabili da tutti;
- scrivere degli articoli più elaborati, che contengono soluzioni originali a problemi specifici, e consentirne la lettura solo agli utenti che ne avranno effettuato il pagamento;
- dare pareri su specifiche questioni che ti vengono sottoposte;
- redigere, su richiesta, ricorsi e altri atti che la parte può sottoscrivere personalmente, seguendone l'iter direttamente. In questo caso, puoi anche consigliare l'interessato su come

comportarsi nelle fasi successive alla instaurazione del procedimento;

- scrivere un ebook e promuoverne la diffusione.

Prima di esaminare nel dettaglio tutte queste possibilità, aggiungiamo sul tuo blog **quattro pagine molto importanti**, che, come vedremo nell'ultimo capitolo, devono essere contenute nel sito web di un avvocato.

Non ripeto, a questo punto, la procedura di creazione delle pagine, che è identica a quella che abbiamo adoperato per la costruzione della pagina di prova.

La prima pagina che devi realizzare richiama e approfondisce i contenuti del tuo Profilo che hai pubblicato in Home Page. La puoi intitolare "*Chi sono*" (o altra espressione simile) e inserirvi nome, cognome, codice fiscale e partita IVA, indirizzo dello studio, Ordine professionale di appartenenza e dati della relativa iscrizione; se hai un'assicurazione per la responsabilità professionale, anche i dati di quest'ultima. Aggiungi qualche notizia su di te, sui tuoi studi, sulle tue esperienze, sulle ragioni che ti hanno indotto ad approfondire una data materia.

Cura molto bene la redazione di questa pagina, perché leggendola i visitatori devono provare una sensazione di fiducia e rendersi conto che vi sono ottime ragioni per consultarti.

La seconda pagina che devi creare può intitolarsi *"Contatti"*. Qui ripeti il tuo indirizzo e inserisci i tuoi numeri di telefono, l'indirizzo email e il tuo username Skype. È consigliabile specificare quest'ultimo dato, anche se sulla Home Page hai collocato l'apposito pulsante Skype: infatti, se questo (come a volte succede) non dovesse funzionare, i tuoi visitatori, avendo il tuo username, possono ugualmente chiamarti.

Ti consiglio di inserire, nelle varie pagine, **delle immagini** che ne richiamino l'argomento: ciò le renderà più gradevoli e accattivanti per i lettori.

Un ulteriore modo per farti raggiungere con facilità e per accrescere la professionalità della tua immagine è quello di esporre un **Numero Verde**, al quale gli utenti possano chiamarti gratuitamente. Il Numero Verde si ottiene contattando uno dei tanti fornitori (basta cercarlo su Google, con i termini "numero verde") e pagando anticipatamente l'importo corrispondente a un certo numero di chiamate (non parliamo di grosse cifre: possono bastare anche cinquanta euro).

Una volta ottenuto il Numero Verde, inseriscilo nella pagina dei contatti. Probabilmente il fornitore ti darà anche **un codice** che ti consentirà, con la consueta tecnica, di introdurre un apposito spazio con il numero in Home Page.

La terza pagina da inserire è quella intitolata "*Codice Deontologico Forense*". Qui ti basta inserire il link a un sito che contenga il Codice. Non hai chiaro come fare? Va bene, te lo spiego; considera che potrai adoperare la stessa procedura quando vorrai inserire il link a una pagina web in un'altra pagina o in un post.

Partiamo dalla finestra di redazione della Pagina. Inserisci il titolo, un brevissimo testo come quello che vedi, ed evidenzia le parole "a questo indirizzo".

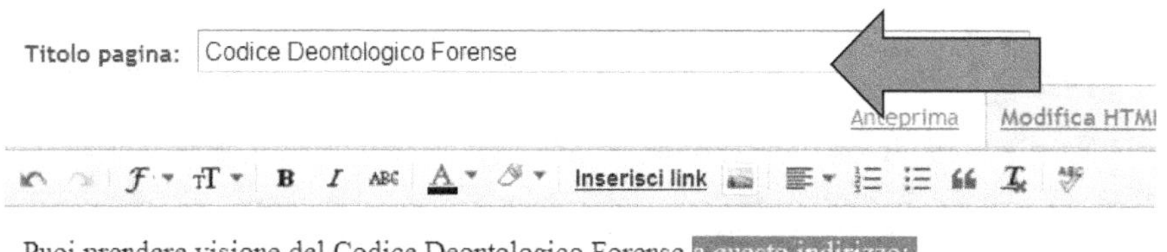

Puoi prendere visione del Codice Deontologico Forense a questo indirizzo:

Poi cerca su Google i siti che riportano il Codice Deontologico Forense. Scegli il sito che preferisci e copiane l'indirizzo:

Quindi torna sulla finestra di redazione della Pagina e, mantenendo evidenziate le parole "a questo indirizzo", clicca su "Inserisci link". Si apre una finestra: incolla l'indirizzo del sito che hai copiato e clicca su OK.

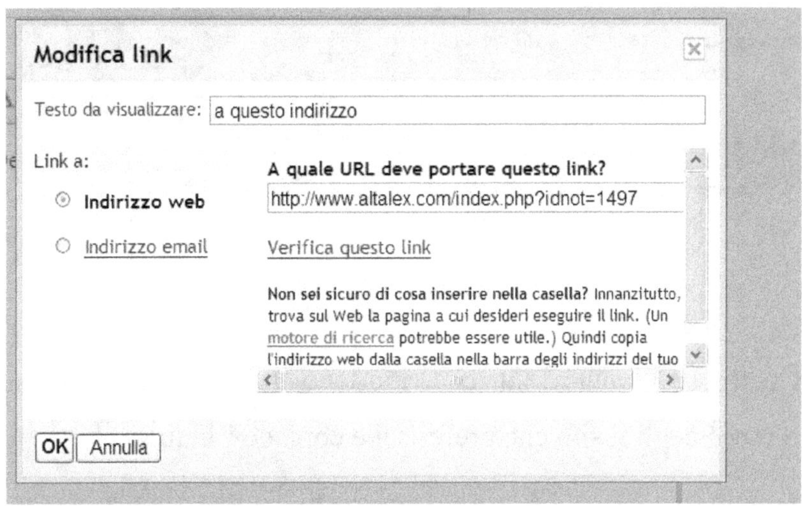

Ora puoi cliccare su "Pubblica pagina". La Pagina, ovviamente, appare sul blog:

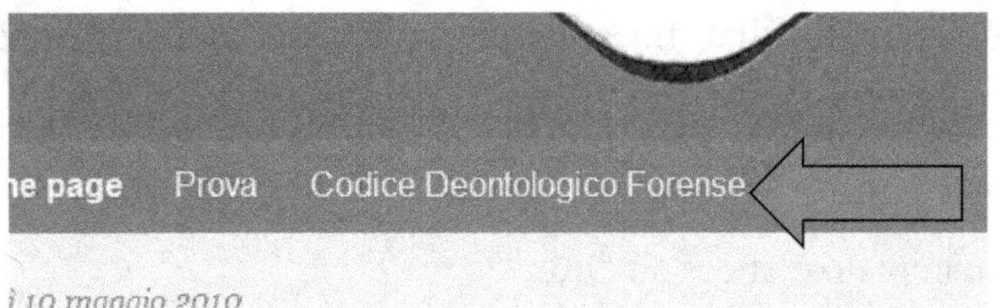

Aprendola, i visitatori ne possono leggere il contenuto, che presenta una parte del testo (le parole *a questo indirizzo*) cliccabile:

Cliccando questo link, i visitatori sono portati sul sito web che riporta il Codice Deontologico Forense. Potrai adoperare la stessa procedura in tutte le occasioni in cui sarà necessario o opportuno rinviare il visitatore a un altro sito.

La quarta pagina che devi aggiungere al tuo blog deve, invece, contenere un link a un sito che riporti le Tariffe Forensi vigenti. È anche questo un riferimento che deve obbligatoriamente essere presente.

Ora passiamo alla disamina di tutte le attività che puoi compiere tramite il tuo blog. Cominciamo con quella che chi gestisce un blog deve compiere quotidianamente, o quasi: **scrivere degli articoli** liberamente consultabili da tutti. Farlo **almeno due volte la settimana** è importante, per diverse ragioni:

- ti serve per far conoscere la tua preparazione sull'argomento;
- fidelizza i tuoi lettori, che visiteranno spesso il tuo blog per

essere aggiornati;

- ti fa conquistare posizioni migliori nei risultati delle ricerche su Google e sugli altri motori;

- stimola i commenti da parte dei tuoi lettori, permettendoti di interagire con loro e di rendere più vivace il blog.

SEGRETO n. 21: scrivi sul tuo blog nuovi articoli, liberamente consultabili da tutti, almeno un paio di volte alla settimana.

Vediamo come inserire nuovi articoli sul blog. Dalla Bacheca, clicca su *"Nuovo Post"*:

Si apre una finestra simile a quella che abbiamo visto per la creazione delle pagine. Qui inserisci il titolo. Nel prossimo capitolo, vedremo alcuni accorgimenti da adoperare nella composizione di questo e del testo. Carica una bella immagine, rappresentativa del contenuto del post, e scrivi il testo. Abbi cura di dividere quest'ultimo in paragrafi, per una migliore scorrevolezza e leggibilità.

Inserisci, nell'apposita sezione, **le parole chiave** che contraddistinguono il soggetto del post. Si tratta di un argomento che svilupperemo nel prossimo capitolo.

Se, ad esempio, il post tratta di assegno di mantenimento in caso di separazione dei coniugi, le parole chiave potrebbero essere *assegno di mantenimento* e/o *separazione coniugi*.

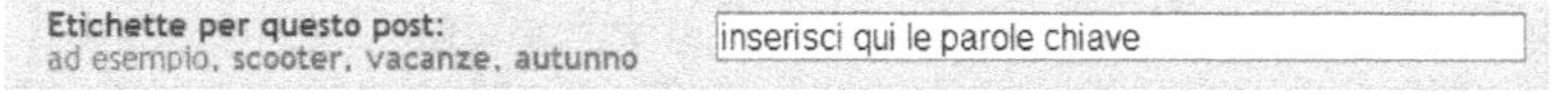

Poi clicca su *"Pubblica post"* se l'articolo è pronto e vuoi pubblicarlo immediatamente; su *"Salva post"* se lo vuoi momentaneamente salvare, per poi magari modificarlo e pubblicarlo in un momento successivo:

Ed ecco il post che abbiamo appena pubblicato:

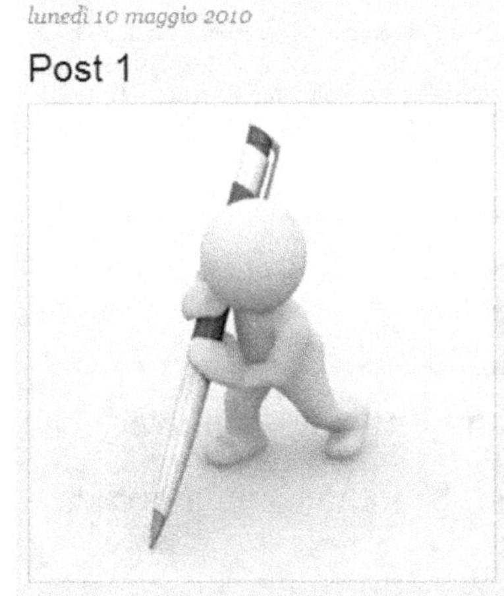

Come puoi notare, nella barra dei comandi in alto sono presenti **varie opzioni**: la possibilità di scegliere il tipo del carattere, la dimensione e il colore, di evidenziare il testo in corsivoe an grassetto e di selezionarne il tipo di allineamento, di inserire link ad altre pagine web o filmati.

Dopo una breve pratica avrai familiarità con tutte queste funzioni.

Intendo però soffermarmi su una di esse, che si mostra di grande efficacia nell'attirare l'attenzione dei lettori: l'**inserimento di video.** Introdurre nel tuo post un buon video pertinente con l'argomento trattato (e naturalmente non protetto da diritto d'autore) rende l'articolo più interessante agli occhi di molti visitatori. **La gente ama vedere i filmati**. Lo dimostra l'eccezionale successo del più famoso sito di condivisione di video: YouTube. Se, per esempio, nel post parli di affidamento dei figli nella separazione tra coniugi, puoi inserire lo stralcio di una trasmissione televisiva in cui viene affrontato l'argomento, magari con qualche testimonianza di esperienze reali.

Ci sono **due modi** per inserire filmati. Uno è caricarli dal tuo computer, come si fa con le immagini. Se hai memorizzato il filmato che intendi inserire nel post, ti basterà, quando scrivi l'articolo, cliccare sull'apposita icona:

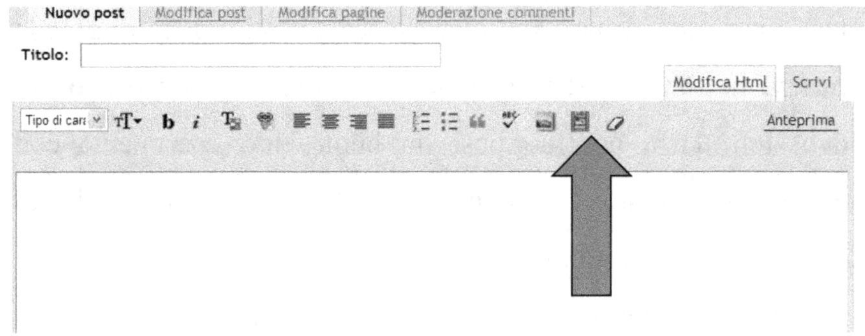

Si apre una finestra, nella quale puoi selezionare il video da pubblicare, aggiungendovi anche un titolo:

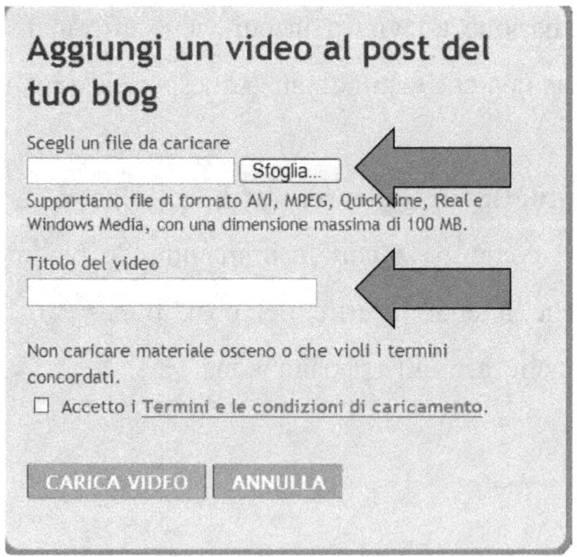

Cliccando su "Sfoglia" puoi scegliere dalla memoria del tuo computer il file da caricare, dargli un Titolo e, dopo aver accettato termini e condizioni, cliccare su *"Carica video"*.

Diversa è la procedura se vuoi caricare un video da YouTube. Facciamo un esempio con un video "neutro", che riprende un cucciolo. Dalla pagina di YouTube contenente il video che vuoi pubblicare, clicca su "Codice da incorporare", pulsante posto in basso a destra rispetto al video:

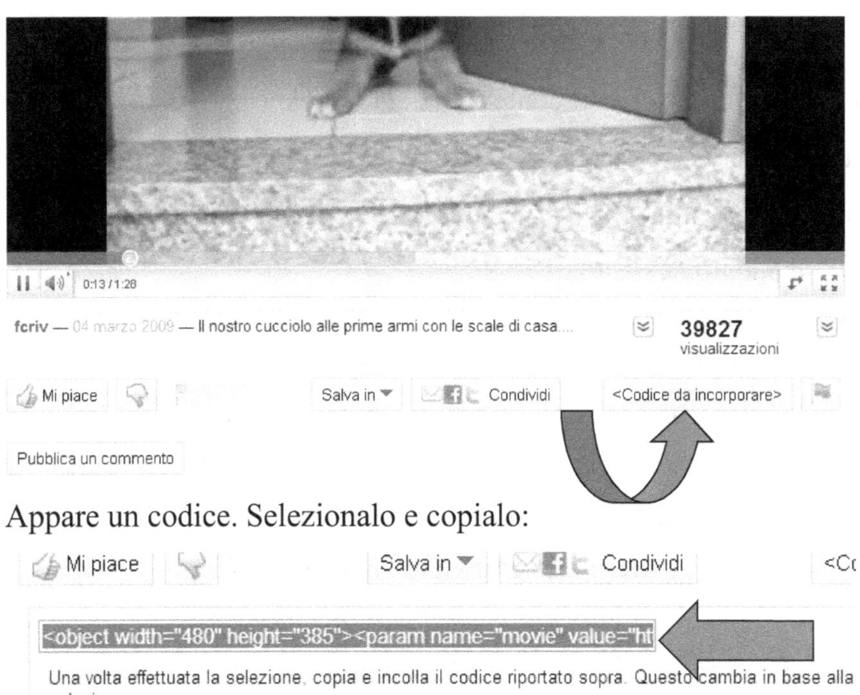

Appare un codice. Selezionalo e copialo:

Poi, nella finestra di redazione del post, clicca su *"Modifica Html"*, e incolla il codice che hai copiato da Youtube:

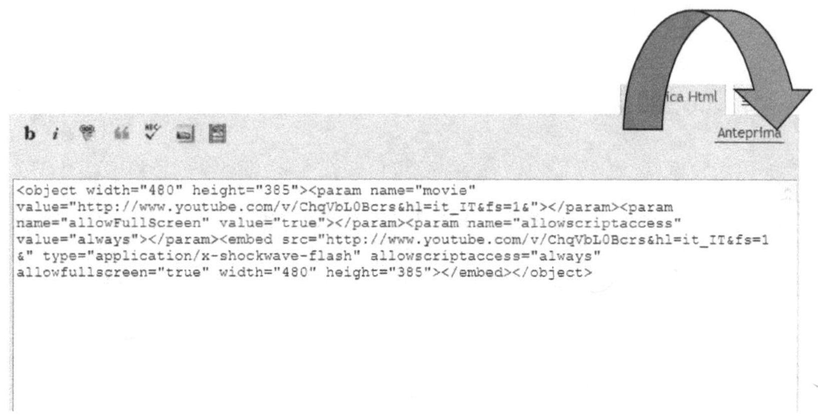

Clicca su "*Scrivi*": appare lo spazio che verrà occupato dal video nel post. Sotto scrivi il contenuto del tuo post (il tuo commento, la tua soluzione al problema prospettato e così via). Puoi anche centrare il video servendoti delle apposite funzioni di allineamento del testo.

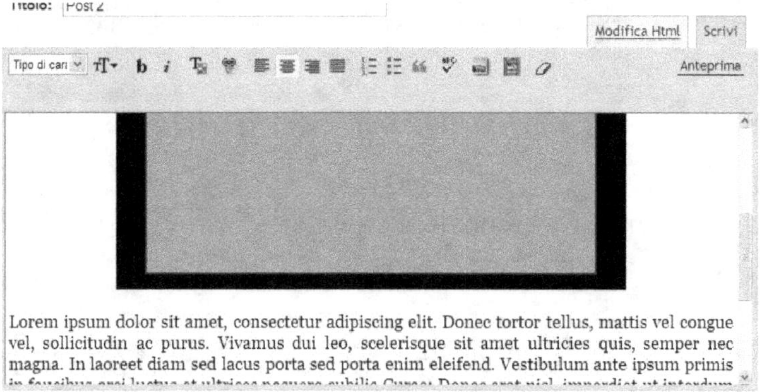

Infine inserisci, come al solito, le parole chiave e clicca su "*Pubblica post*". Ed ecco il video pubblicato sul tuo blog:

Un'altra possibilità è quella di inserire nel post **un video creato da te**. Nel filmato puoi comparire tu ed esporre o introdurre un argomento. Questa tecnica può esserti utile **sotto due aspetti**: innanzi tutto, ti rende più familiare e "presente" per i tuoi lettori. Inoltre, hai la possibilità di pubblicare il video così realizzato su Youtube, con un rimando al blog: questo ti consente di farti conoscere da tante persone e di ottenere un buon numero di visitatori.

Come realizzare il video? Esistono ottimi programmi per farlo. Naturalmente, non posso fornirti qui tutte le spiegazioni al riguardo; ma ti sarà facile reperirle facendo una ricerca su Google e digitando i termini "come realizzare video blog" o altri simili.

Prenditi un po' di tempo per imparare come si fa: si tratta di una funzione un po' più "avanzata", che non devi necessariamente inserire fin dall'inizio. Comincia con lo scrivere dei buoni articoli, almeno due volte alla settimana; poi inserisci qualche video interessante tratto da Youtube o da altri siti di condivisione video; nel frattempo, puoi provare a creare dei filmati tuoi.

Per restare sempre nell'ambito dei post, consideriamo adesso la possibilità di crearne alcuni **a pagamento** (i cosiddetti "**contenuti premium**"). Il lettore interessato a conoscere il contenuto del post deve pagare un corrispettivo: dopo che avrà effettuato questa operazione, potrà accedere alla lettura di esso.

Cosa distingue un post gratuito da un altro a contenuto premium? Non certo il fatto che il primo possa essere approssimativo, banale o mal fatto. Non sarebbe neanche necessario dirtelo, ne sono certa: tutto ciò che scriverai sul tuo blog dovrà essere curato e di reale utilità per i tuoi lettori.

SEGRETO n. 22: anche se pubblichi dei post a contenuto premium, quelli gratuiti dovranno comunque essere ben fatti,

interessanti e di utilità per i tuoi lettori.

Tra i due tipi di post c'è **questa differenza**:

- **un post gratuito** presenta dei contenuti che è possibile reperire su Internet o in altri ambiti, anche *offline*, ma facendo ricerche e impiegando del tempo. Si tratta di argomenti che, magari, sono stati affrontati anche da altri, ma che vengono presentati da chi scrive con un tocco personale, oppure in modo più completo, più esauriente, o più semplice per chi legge;

- **un post a pagamento**, invece, presenta dei contenuti che hanno un valore di scambio: qualcosa che non sia possibile reperire altrove gratuitamente, una sorta di "consulenza professionale" sugli argomenti più ricercati, sui problemi che più interessano i lettori del tuo blog. Ed è questo che giustifica il pagamento.

Se, ad esempio, un blog si occupa di adozione, un post gratuito potrebbe essere il seguente: "*Adozione internazionale: le varie fasi dell'iter*". Si tratta, come è evidente, di notizie che è possibile reperire facilmente: ma fa comodo ai lettori del blog avere a disposizione un post in cui l'argomento venga spiegato in modo chiaro, accessibile a tutti ed esauriente.

Un post a pagamento potrebbe invece essere il seguente: "*Adozione internazionale: come ridurre i tempi di permanenza all'estero*". In questo caso, il post ha un valore rappresentato dal fatto che prospetta al lettore **la soluzione di un problema** ricorrente. È una vera e propria consulenza e, come tale, richiede una controprestazione. L'importo che deve essere pagato dal lettore sei tu a stabilirlo: può cambiare in ragione della complessità dell'argomento trattato e del tempo che hai impiegato per fare delle ricerche e trovare le soluzioni proposte.

Come fare per rendere il post leggibile soltanto da chi ne avrà pagato il corrispettivo? Wordpress offre numerose applicazioni (*plugin*), gratuite e a pagamento, per automatizzare questo processo. Questa possibilità non è offerta da Blogger: **ma esiste un modo semplice e sicuro per realizzare l'obiettivo.**

Comincia con il redigere il post per intero. Scrivilo adoperando il programma di videoscrittura di OpenOffice, OpenOfficeWriter. È molto simile a Word, quindi ti sarà facile adoperarlo. Inserisci anche una bella immagine all'inizio. Cura che la formattazione del testo e la dimensione dei caratteri siano ottimali, rendendo l'articolo leggibile e scorrevole alla vista. Inoltre, **stai attento che i primi due paragrafi del post introducano solamente l'argomento,** lasciando presagire che quello che seguirà sarà molto interessante.

Una volta terminato di scrivere il tuo post, vai su *"File"* e poi su *"Esporta nel formato PDF"*, quindi clicca su *"Esporta"*, dai un nome al file e clicca su *"Salva"*.

Il tuo post sarà salvato in formato PDF, in modo del tutto simile a un piccolo ebook. In questo esempio, l'ho intitolato *"Lorem Ipsum"*:

Ora, apri Filezilla, inserisci i dati del sito sul quale carichi i file (abbiamo visto tutta la procedura, cui ti rimando), individua il post in formato PDF che hai creato e trasferiscilo sul sito. Fai quindi il login sul sito, dove troverai il post:

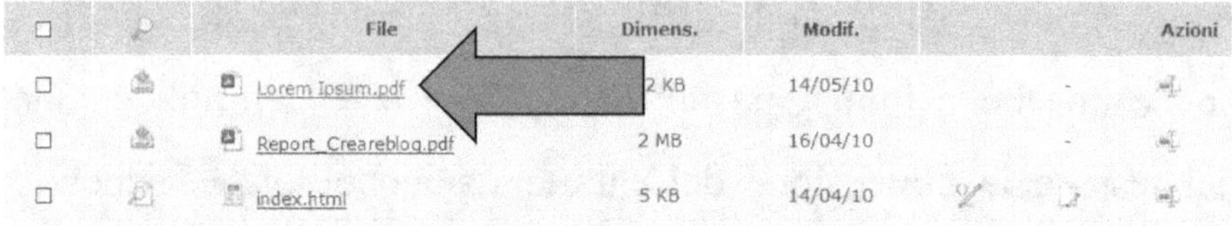

Prendi nota del corrispondente link o copialo:

Ora vai sulla tua Bacheca di Blogger, clicca su *"Nuovo post"* e scrivi **solo la parte iniziale** dell'articolo: i primi due paragrafi introduttivi, che, come abbiamo detto, hanno lo scopo di incuriosire il lettore senza rivelare nulla.

A questo punto, scrivi la frase (o altra simile): *"Questo è un post a contenuto premium. È una vera e propria consulenza sull'argomento e pertanto ha un costo. Clicca sul pulsante Paypal se vuoi leggerlo per intero".*

Vai quindi su Paypal, fai il login e clicca su *"Servizi per l'e-commerce".*

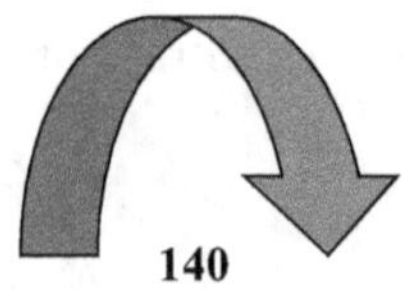

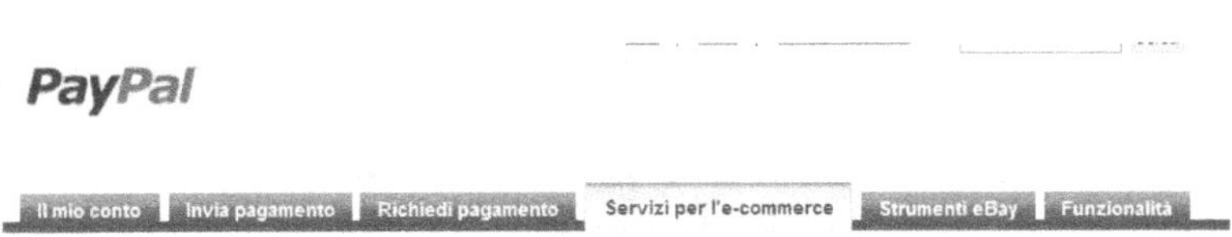

Poi scegli *"Pulsanti Paga adesso"*:

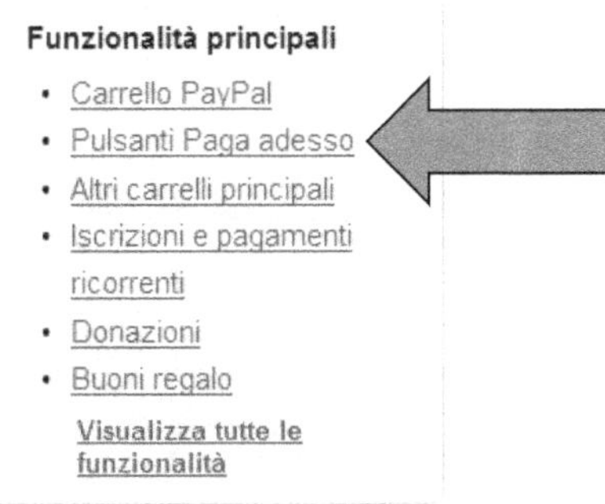

Si apre una finestra con dei campi da compilare. Scrivi nello spazio *"Nome dell'oggetto"* il titolo del post e nel campo del *Prezzo* l'importo che vuoi venga pagato per la lettura e la relativa valuta. Lascia inalterati tutti gli altri campi e clicca su *"Passaggio 3: Personalizza le funzioni avanzate"*.

Si apre un'altra finestra. Vediamo quali campi vanno riempiti. Alla casella *"Il cliente può aggiungere istruzioni speciali in un messaggio indirizzato a te?"* scegli l'opzione **No**. Alla casella *"L'indirizzo di fatturazione è obbligatorio?"* scegli l'opzione

Sì. Spunta la casella *"Al termine della procedura di pagamento, reindirizza i clienti a questo URL"*, inserisci nell'apposito spazio il link del post che hai copiato e, infine, clicca su *"Crea pulsante"*.

Appare un codice. Copialo:

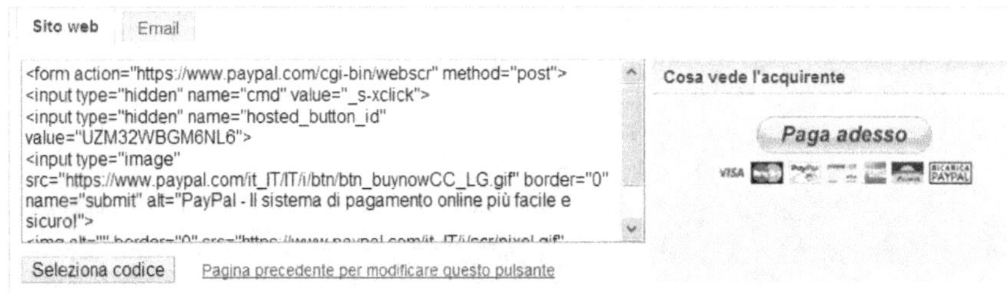

Ora vai alla bozza del tuo post:

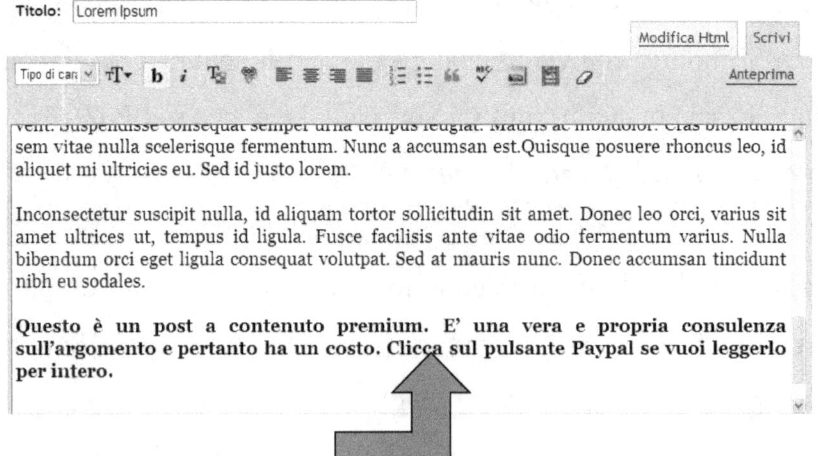

Dopo la frase *"Questo è un post a contenuto premium"* clicca su *"Modifica Html"*. Posizionati alla fine del testo e incolla il codice del pulsante Paypal:

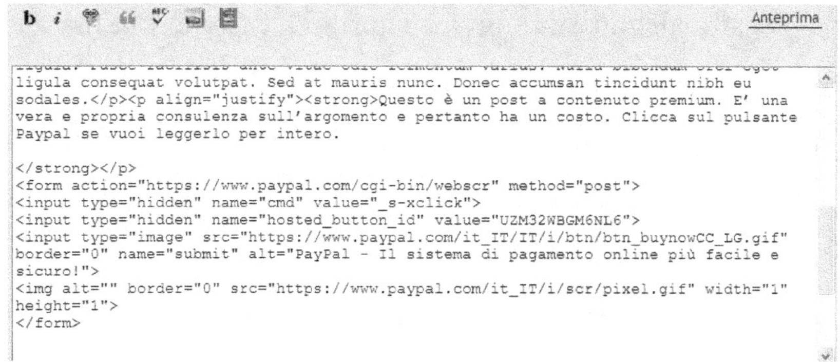

Clicca su *"Scrivi"* e appare il pulsante Paypal. Centralo, poi inserisci **le parole chiave** che ritieni opportune e clicca su *"Pubblica post"*. Ed ecco il post con il pulsante Paypal:

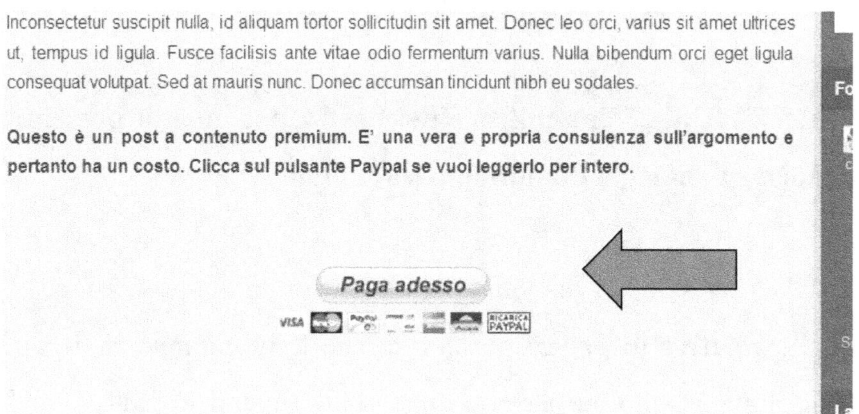

Cliccando sul pulsante, il lettore è indirizzato alla pagina di pagamento di Paypal. Effettuata l'operazione, viene portato a una pagina dalla quale può scaricare il post.

Per spiegare meglio ai tuoi visitatori il senso e l'utilità dei contenuti a pagamento, puoi creare **un'apposita pagina** dal titolo *"Post a pagamento"* oppure *"Post Premium"* o altra espressione simile.

Il vantaggio di questo meccanismo è enorme. In definitiva, si tratta di un servizio di consulenza, ma il lavoro viene svolto dal professionista una sola volta, mentre la fruizione da parte dei clienti è automatizzata. Automatizzato è anche il guadagno. Naturalmente, devi mantenere alto il livello dei contenuti.

SEGRETO n. 23: pubblicare dei post a pagamento presenta l'enorme vantaggio di automatizzare i guadagni.

Un altro servizio, ovviamente pertinente con la tua professione, è **quello relativo ai pareri** per coloro che te ne faranno richiesta. Nell'ultimo capitolo vedremo quali accorgimenti e cautele devi adottare perché questa attività sia svolta in maniera perfettamente conforme alla legge e alla deontologia. Adesso vediamo, per sommi capi, come puoi strutturare questo servizio.

Innanzi tutto, ti conviene creare **un'apposita pagina**, che puoi intitolare *"Consulenza e Pareri"* o con altra dicitura similare. Qui spiega la relativa procedura, che, schematizzando, è così articolata:

- il potenziale cliente ti invia un'email in cui espone il suo problema;

- tu esamini il contenuto dell'email, e, secondo la complessità dell'argomento, rispondi indicando il costo del parere, le modalità di pagamento e i tempi nei quali ti impegni a rispondere;

- se il cliente risponde affermativamente, gli invii un modulo contrattuale che deve sottoscrivere e restituirti;

- ricevuto il modulo e il pagamento, invia al cliente, via email, un riepilogo delle condizioni contrattuali, in particolare dei tempi e delle modalità di consegna del parere;

- quindi invia il parere, prima via email e poi per posta raccomandata.

Su Internet vi sono, in verità, siti di avvocati che rilasciano pareri in forma molto più "sbrigativa", ad esempio, senza far sottoscrivere alcun contratto al cliente, semplicemente inviando un'email di risposta. Ritengo, però, per ragioni che nell'ultimo capitolo esamineremo più dettagliatamente, che la procedura che ti ho appena descritto sia preferibile e tuteli meglio il professionista.

Oggi, paradossalmente, l'esercizio delle attività professionali è **più complesso** rispetto al passato. Dico "paradossalmente" perché disponiamo di mezzi, primo tra tutti Internet, che dovrebbero semplificare e velocizzare il nostro lavoro. Nel contempo, però, la normativa da osservare e la deontologia si sono fatte più complesse, varie, mutevoli e intrecciate: è quindi facile sbagliare, in ambiti peraltro molto delicati.

Inoltre, l'utilizzo di Internet da parte dei professionisti è una novità, quindi l'interpretazione di alcune norme al riguardo, anche sotto il profilo deontologico, non è ancora pacifica. Meglio attendere l'evolversi e il consolidarsi di un orientamento prima di lanciarsi in comportamenti che, con il senno del poi, potrebbero apparire azzardati.

Pertanto, lo schema che ti propongo per il rilascio di pareri, pur apparendo un po' più complesso di una semplice e immediata risposta via email, in realtà è il modo migliore per semplificare la tua attività, tutelandoti rispetto a contestazioni e ripensamenti dei clienti.

SEGRETO n. 24: per il rilascio di pareri è meglio seguire una procedura rigorosa, nella quale alcuni passaggi fondamentali avvengano per iscritto.

Per quanto riguarda, poi, l'utilizzo del telefono, della chat, di Skype, ti consiglio di ricorrervi non per il rilascio di pareri, ma per mantenere un contatto vivo con i tuoi lettori e con i tuoi clienti. Questi ultimi dovranno sapere che sei una persona non solo preparata sull'argomento, ma anche disponibile e vicina a loro.

Se invii ai tuoi clienti i pareri in forma scritta, si pronto a dare loro **chiarimenti** e **spiegazioni** per le vie brevi. Così, pure, sii disponibile ad approfondire per telefono, chat o Skype con i tuoi lettori argomenti particolarmente attuali e interessanti.

Ricorda che, comunque, il Codice Deontologico Forense **vieta di**

dare pareri gratuiti. Può essere gratuita, semmai, l'attività di primo contatto e di aiuto, rivolto al cliente, nell'inquadrare il problema. Il parere vero e proprio deve, invece, essere reso a pagamento.

Un'altra attività che puoi compiere è la redazione di **ricorsi** e di **altri atti** che la parte può sottoscrivere personalmente. Anche per questo servizio devi creare un'apposita pagina, che puoi intitolare *"Redazione ricorsi e assistenza"* o con altra espressione similare.

In questa pagina spiega ai tuoi lettori le modalità di svolgimento di questo servizio, che, in modo simile a quello relativo al rilascio di pareri, può essere così articolato:

- il potenziale cliente ti invia un'email con la quale ti spiega il caso;

- tu la esamini sommariamente, decidi quale forma di assistenza sia più idonea rispetto alla situazione prospettata (dalla semplice redazione di un ricorso a un'attività di supporto e consigli per l'intero procedimento) e invii al cliente una risposta con l'indicazione del compenso richiesto e delle modalità di pagamento;

- se il cliente accetta, tu gli invii un modulo contrattuale da sottoscrivere;

- il cliente ti restituisce il modulo sottoscritto, via fax e per posta;

- a questo punto cominci la tua attività di assistenza del cliente, inviandogli, via email e per posta, l'atto da sottoscrivere, dandogli le istruzioni del caso e poi seguendolo nel prosieguo con una corrispondenza continuativa.

Questo servizio può essere una naturale evoluzione del rilascio di un parere: il cliente, in un primo tempo, ti richiede consulenza su un problema, tu gliela fornisci e ricevi il relativo pagamento; successivamente, decide di iniziare una procedura, finalizzata alla soluzione del suo problema, e tu gli dai la relativa assistenza, ricevendo un pagamento per questa nuova attività.

Inoltre, il tuo rapporto con un cliente acquisito *online* può svilupparsi in un'attività di assistenza e rappresentanza in giudizio "tradizionale": può succedere, infatti, che l'interessato, fidandosi della tua preparazione in un certo ambito, ti rilasci procura.

C'è **un'ultima cosa** che puoi fare con il tuo blog: promuovere la diffusione di un ebook scritto da te. **Voglio essere sincera**: non tutti sono portati a scrivere. E se noi avvocati siamo, in qualche modo, capaci di farlo, dobbiamo considerare che una cosa è redigere una citazione o una comparsa, un'altra cosa è scrivere un libro. Oltre tutto, bisogna avere dei contenuti originali da proporre.

È altrettanto vero, però, che molte persone, che avrebbero qualcosa di interessante da dire e saprebbero come dirlo, finora sono rimaste nell'ombra: sappiamo tutti che **è difficilissimo trovare un editore disponibile.**

Il computer e internet, con l'avvento dell'ebook, hanno rivoluzionato anche questo aspetto della nostra vita. Chiunque si senta in grado di farlo può, infatti, scrivere un libro, pubblicarselo su Internet e venderlo da solo. Abbiamo visto come creare facilmente un file in formato PDF; in commercio esistono tanti programmi, di prezzo accessibilissimo, che consentono di realizzare copertine e presentazioni davvero professionali per i propri ebook.

Ma perché dovresti (se ti senti in grado di farlo) scrivere un ebook? **Per due ragioni:**

- perché la sua vendita comporterebbe per te ulteriori guadagni;
- perché rafforzerebbe la tua notorietà come esperto di un certo argomento.

Se vuoi vendere un ebook fatto da te, consulta un commercialista per conoscere tutti gli adempimenti relativi all'auto-pubblicazione. Ti segnalo anche che esiste la possibilità di pubblicare il proprio lavoro con Bruno Editore, esattamente come ho fatto io con questa Guida.

La selezione iniziale è piuttosto rigida, ma si tratta di **un'opportunità** molto interessante:

- puoi proporre il tuo ebook a persone esperte, che con obiettività e grande disponibilità ti diranno se è il caso di pubblicarlo;
- in caso affermativo, il supporto dello staff editoriale ti guiderà nel perfezionamento del tuo lavoro: imparerai come strutturare al meglio un ebook;
- la pubblicazione dell'ebook da parte di un editore ti solleverà dai problemi legali e fiscali connessi all'autopubblicazione;
- si tratta di una casa editrice di prestigio, con tantissimi

affiliati che si daranno da fare per vendere il tuo ebook.

SEGRETO n. 25: pubblicare un ebook sull'argomento prescelto per il proprio blog rafforza l'immagine di esperto del settore e consente di lucrare i relativi guadagni.

Bene, abbiamo visto tutto quello che puoi fare con il tuo blog. Ma per trarne vantaggio, occorre avere molti visitatori. Come? Lo vedremo nel prossimo capitolo.

RIEPILOGO DEL GIORNO 5:

- SEGRETO n. 21: scrivi sul tuo blog nuovi articoli, liberamente consultabili da tutti, almeno un paio di volte la settimana.

- SEGRETO n. 22: anche se pubblichi dei post a contenuto premium, quelli gratuiti dovranno comunque essere ben fatti, interessanti e di utilità per i tuoi lettori.

- SEGRETO n. 23: pubblicare dei post a pagamento presenta l'enorme vantaggio di automatizzare i guadagni.

- SEGRETO n. 24: per il rilascio di pareri è meglio seguire una procedura rigorosa, nella quale alcuni passaggi fondamentali avvengano per iscritto.

- SEGRETO n. 25: pubblicare un ebook sull'argomento prescelto per il proprio blog rafforza l'immagine di esperto del settore e consente di lucrare i relativi guadagni.

GIORNO 6:

Come farsi conoscere online

Nel capitolo precedente abbiamo visto come utilizzare il blog per farne un efficace strumento di lavoro. Perché ciò si realizzi, però, occorre farsi conoscere su Internet. Il tuo obiettivo deve essere, quindi, quello di ottenere **molte visite** per il tuo blog.

Uno strumento utile per ricevere visite è senz'altro *Google AdWords.* Questo è, come abbiamo già visto, un servizio fornito da Google, che consente di avere uno spazio tra i risultati delle ricerche effettuate dai navigatori. Si tratta (ricordi?) dei "Link sponsorizzati". Sono quelli che, nelle ricerche di Google, compaiono in alto, evidenziati in rosa, o a destra:

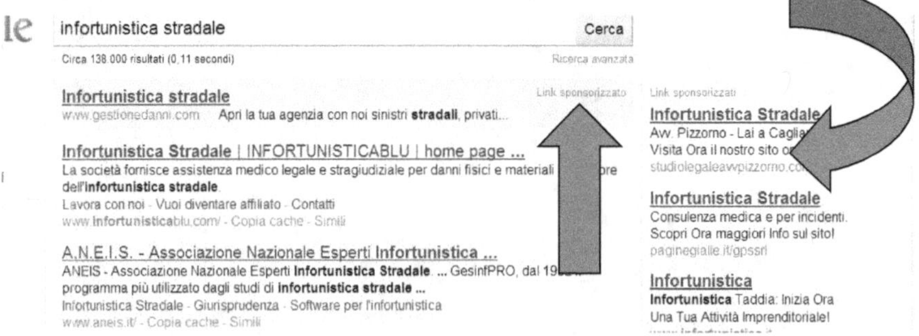

In cambio, Google richiede il pagamento **di una piccola somma per ogni clic ricevuto**. Questa somma varia, oscillando da pochi centesimi ad alcuni euro, a seconda della competitività delle parole chiave contenute nell'annuncio. Se si tratta di parole molto ricercate, riguardo alle quali vi è un'elevata concorrenza tra gli inserzionisti, il prezzo per ogni clic ricevuto è alto; è, al contrario, basso se vi è poca concorrenza tra gli inserzionisti.

Per poter trarre utilità da questo servizio, occorre essere degli **ottimi conoscitori** dei suoi meccanismi, anche di quelli che Google non rivela apertamente. Solo così si possono attuare trucchi e strategie per pagare poco e ottenere il massimo vantaggio dalle campagne pubblicitarie. **Ma acquisire queste competenze non è molto semplice,** anche se esistono in commercio ottimi manuali.

Inoltre, Google AdWords si presta bene a pubblicizzare i siti finalizzati **alla vendita pura, semplice e immediata** di un prodotto. Così, il proprietario del sito che ricorre a questa forma di pubblicità ha la possibilità (sempre che applichi le giuste strategie) di avere un utile nonostante il pagamento della campagna pubblicitaria.

Ad esempio: il sito di Tizio è finalizzato alla vendita di un infoprodotto che costa venticinque euro. Tizio ha saputo ben congegnare la campagna pubblicitaria su Google AdWords e paga 10 centesimi per ogni clic ricevuto. Quindi 100 clic gli costano 10 euro. La sua pagina di vendita è ben fatta e ottiene una conversione dell'1% (quella media, secondo le statistiche): vale a dire, ogni 100 visitatori uno compra il prodotto proposto. Quindi 100 clic portano a Tizio un guadagno netto di 15 euro.

SEGRETO n. 26: Google AdWords è utile a chi vuole vendere un prodotto: facendo gli opportuni calcoli e applicando le giuste strategie, può ricavare un utile netto dato dalla differenza tra il prezzo del prodotto e il costo della pubblicità.

Diverso è il caso di chi non voglia vendere immediatamente dei prodotti, ma **aspiri a farsi conoscere** da persone che, in futuro, potranno diventare clienti. In questo caso, una campagna pubblicitaria con AdWords comporterebbe soltanto un esborso di denaro, senza un ritorno economico in tempi brevi. Inoltre, una volta finita la campagna AdWords, il sito pubblicizzato sparisce dai risultati delle ricerche.

Meglio, allora, puntare su **metodi gratuiti** che consentano, nel tempo, **di posizionarsi "naturalmente"** ai primi posti nei risultati delle ricerche, senza ricorrere al servizio di Google AdWords, e di mantenere tale posizione nel tempo.

Questi metodi esistono e posso dire di averli sperimentati con soddisfazione.

Innanzi tutto, c'è un modo **per far riconoscere più velocemente** il tuo blog da Google. Devi semplicemente inserire un link a Google nel blog, ad esempio in un post che poi rimuoverai. Così:

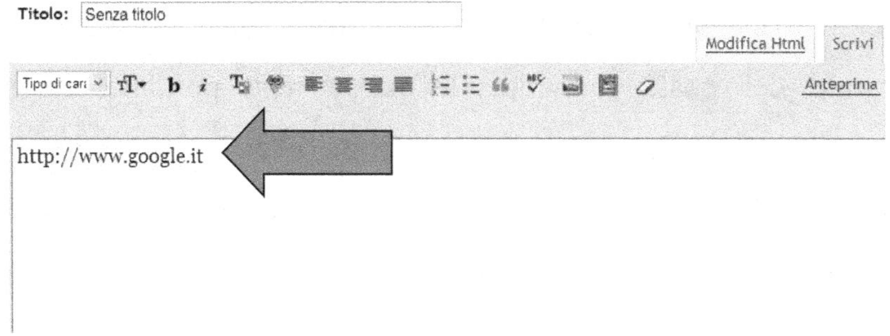

Ecco il post una volta pubblicato:

Clicca sul link di Google, che ti porta alla Home Page di questo motore di ricerca. Fatto questo puoi rimuovere il post, cliccando, dalla Bacheca, su *"Modifica post"* e quindi su *"Rimuovi"*. Così facendo, hai fatto conoscere il tuo blog a Google.

SEGRETO n. 27: fai conoscere il tuo blog a Google, inserendo in un post un link che punta a questo motore di ricerca, cliccandolo e poi rimuovendo il post.

Devi, poi, prestare molta attenzione **alla redazione degli articoli**, inserendovi **le parole chiave** più opportune. Qual è l'argomento centrale del post? Individua le parole che possono meglio rappresentarlo. Poi, utilizzando il Selettore di parole chiave che già conosci, valuta se esse siano abbastanza ricercate. Eventualmente, utilizza dei sinonimi. Quindi, una volta individuate le parole più "gettonate", utilizzale per comporre il titolo del post e ripetile anche nel corpo di quest'ultimo, tre o quattro volte. Infine, prima di procedere alla pubblicazione, inseriscile nell'apposito spazio denominato *"Etichette per questo post"*.

Se, per esempio, il tuo post tratta delle problematiche relative all'assegno di mantenimento in caso di separazione dei coniugi, cercherai, con il Selettore di parole chiave, se l'espressione "assegno di mantenimento" sia molto ricercata. Mentre scrivo questo ebook, vi sono 22.200 ricerche mensili che riguardano questa specifica espressione, mentre "assegno mantenimento" conta ben 40.500 ricerche. Quindi potresti intitolare il post così: "Assegno di mantenimento: cinque cose da sapere per non pagare più del dovuto". Poi dovresti ripetere le stesse parole chiave nel contesto del post per tre o quattro volte; infine, dovresti inserire nello spazio "Etichette per questo post" le parole chiave: quindi "assegno di mantenimento", ma anche le ancor più ricercate "assegno mantenimento".

Ti faccio, inoltre, notare **due accorgimenti** che ho utilizzato per comporre il titolo. Il primo è quello **di iniziare** quest'ultimo **con la parola chiave prescelta**: questo aiuta a essere "captati" più velocemente dai motori di ricerca.

Il secondo accorgimento, che ti serve per attirare l'attenzione dei tuoi lettori, è quello di creare **un titolo che incuriosisca**. Infatti, se scrivi un titolo piatto e banale, del tipo "L'assegno di mantenimento", i lettori si aspetteranno una dissertazione accademica sull'argomento e si annoieranno ancor prima di leggere. Molto probabilmente, non leggeranno affatto quello che hai da dire. Se, invece, scrivi "Assegno di mantenimento: cinque cose da sapere per non pagare più del dovuto", i lettori si chiederanno quali saranno questi cinque "segreti" che vuoi rivelare e leggeranno tutto il post.

C'è un metodo per diffondere più velocemente possibile i tuoi post, in modo tale da attrarre visitatori al tuo blog. È l'*article marketing.*

Questa tecnica consiste nella pubblicazione degli articoli su appositi siti (i "*social network* di *news*"), che hanno la funzione di aggregare i post raggruppandoli per argomenti. Eccone alcuni:

Reddit.com

OkNotizie

Sègnalo

ZicZac

Fai Informazione

Buzz

Diggita

Meemi

Technotizie

Se qualcuno dei link sopra riportati non dovesse più funzionare, cercalo su Google digitando il nome del sito che ti interessa nella casella di ricerca.

Per ognuno di questi siti, **devi prima registrarti**. A tal proposito, ti consiglio di utilizzare *username* e *password* uguali: così, puoi effettuare il login a ognuno di essi più velocemente.

Ogni volta che scrivi un nuovo post, riportalo su ognuno dei siti ai quali ti sei registrato. Ti viene richiesto anche di inserire **le parole chiave** che contraddistinguono il post. **I vantaggi** sono **almeno tre**:

- innanzi tutto, **diffondi i tuoi contenuti** sul web, facendoti conoscere capillarmente;
- questi siti **sono ben indicizzati** sui motori di ricerca: quindi,

se hai inserito le parole chiave giuste, trovi i tuoi articoli su Google in posizioni di tutto rispetto;

- infine, i motori di ricerca premiano i siti **il cui indirizzo si trova linkato** su altri siti. Quindi, se molti siti ben indicizzati contengono un link al tuo blog, questo è visto con maggior favore dai motori di ricerca e conquista posizioni migliori.

Più avanti vedremo **come automatizzare al massimo** la procedura di inserimento degli articoli. Per il momento, andiamo avanti con gli altri metodi per ottenere più visitatori possibili al tuo blog.

Voglio, a tal proposito, segnalarti **due siti** sui quali ti consiglio di pubblicare i tuoi articoli, per promuoverne la diffusione virale. Per far ciò, devi disporre dei tuoi post in formato PDF: e già abbiamo visto come fare.

Il primo sito che voglio segnalarti è Scribd. Si tratta di un grande contenitore nel quale vengono pubblicati e archiviati file di ogni genere, che sono così disponibili per migliaia e migliaia di visitatori. Un ottimo modo per farsi conoscere. Per prima cosa ti devi iscrivere e poi, una volta fatto il login, devi cliccare su "Upload". Con una semplice e intuitiva procedura, puoi pubblicare i tuoi post. Ti consiglio, quando hai qualche minuto di tempo, di curare anche i contenuti del tuo profilo, inserendo una bella foto e qualche notizia su di te e su quello che fai.

Un altro sito interessante è Shvoong. Anche qui, con una procedura semplice e intuitiva (peraltro, a differenza Scribd, è possibile selezionare la lingua) puoi iscriverti e poi pubblicare i tuoi post.

Vediamo un trucco che pochi attuano ma che si rivela veramente prezioso: **il ping**. Si tratta di un sistema di notifica ai motori di ricerca dell'aggiornamento dei contenuti del blog. Come abbiamo già detto, Google e gli altri motori amano i contenuti freschi e aggiornati: per questo ti ho già consigliato di scrivere sul tuo blog articoli nuovi almeno un paio di volte alla settimana.

Con il ping tu comunichi ai motori di ricerca di aver inserito un nuovo articolo o comunque di aver aggiunto un ulteriore elemento al tuo blog. Se lo fai in maniera regolare, come abitudine, sarai premiato con una buona posizione nei risultati delle ricerche.

Il ping si effettua **tramite appositi** siti che svolgono questo servizio. Eccone alcuni che ti consiglio di utilizzare:

http://pingomatic.com/

http://blogsearch.google.com/ping

http://feedshark.brainbliss.com/

http://www.pingoat.com

http://www.pingler.com

La compilazione dei campi richiesti è molto semplice e intuitiva.

Se nell'arco di una giornata fai **diverse aggiunte** al tuo blog, puoi anche ripetere il ping più volte, per segnalare tutti gli aggiornamenti. Evita di farlo in maniera ripetuta se non hai apportato nessuna modifica al blog: i motori di ricerca lo interpreterebbero come spam e ti penalizzerebbero.

La soluzione migliore consiste, quando si aggiunge al blog un nuovo post o un nuovo elemento, nel **fare un unico ping a fine giornata**, in modo tale da ricomprendere anche i cambiamenti che si sono effettuati in momenti diversi.

SEGRETO n. 28: scrivi articoli che contengano delle parole chiave all'inizio del titolo e al loro interno e poi diffondili con la tecnica dell'*article marketing*, pubblicandoli anche su Scribd e su Shvoong. Infine, fai il ping del blog.

Un altro modo per diffondere viralmente i propri contenuti è l'iscrizione ai **Social Network** come Facebook, Myspace e Twitter.

Ovviamente non posso soffermarmi sulla descrizione dettagliata di ognuno di essi. In commercio esistono tante guide che ne illustrano le potenzialità e le modalità di utilizzo a scopi professionali. Vi sono, inoltre, diversi ebook gratuiti sull'argomento, che ti è possibile trovare facendo una ricerca su Google.

Quello che qui posso dirti è di **iscriverti a ognuno di essi** e di creare una tua pagina nella quale fare riferimento alla tua attività. Tra poco ti mostrerò uno strumento che ti consentirà, ogni volta che aggiungerai un post al tuo blog, di condividerlo anche sui Social Network.

Sopra ti ho invitato a pubblicare i tuoi post sui principali siti aggregatori di notizie. Certo, questa operazione può essere un po' fastidiosa, ma viene molto semplificata e velocizzata da uno strumento utilissimo. Vai a questo indirizzo. Se il link non funziona, il (lunghissimo) indirizzo è il seguente: http://avvocatoweb.altervista.org/bottoni%pubblicazione%20post. html. Si apre una pagina web contenente un lungo codice. Copialo tutto. Poi vai sulla tua Bacheca, clicca su "Layout" e quindi su "Modifica Html". Spunta la casella "Espandi i modelli widget":

Ora premi il tasto F3. In alto si aprirà una casella di ricerca:

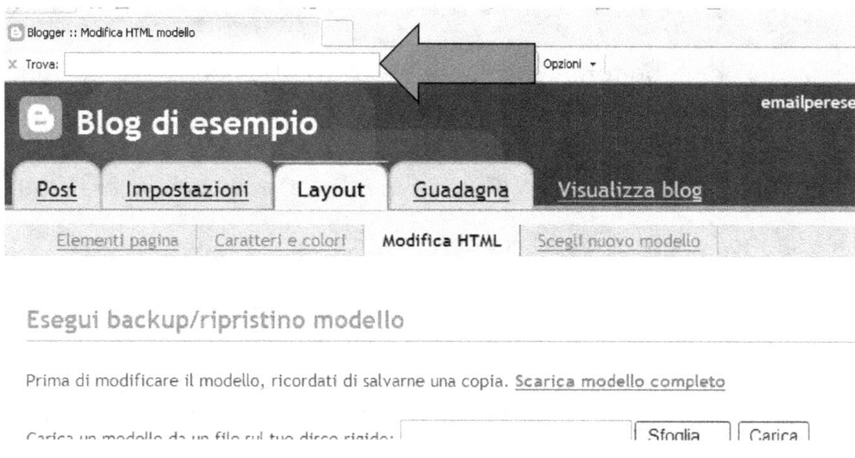

Scrivici dentro questa sequenza:

<div class='post-footer'>

Essa apparirà evidenziata nel testo del codice:

```
        </div>
        </b:if>

        <div class='post-footer'>
    <div style='float:center;'>
    <BR/>
```

A questo punto, incolla, sotto la sequenza evidenziata, il lungo codice che hai copiato in precedenza e poi clicca su "Salva modello". Ecco cosa compare sotto ciascun post:

Si tratta dei bottoni che collegano direttamente a Twitter, Facebook, Buzz, Reddit, Myspace, OkNotizie, Sègnalo, Diggita, Meemi, Technotizie, Wikio, Fai Informazione, SEOtribu, Del.icio.us, Digg This, Technorati, ZicZac. Se tu sei iscritto a ognuno di questi servizi, ogni volta che scrivi un post puoi condividerlo semplicemente cliccando ciascuno dei bottoni e seguendo una procedura molto più veloce di quella ordinaria. Così il riferimento al tuo post appare sui tuoi profili Facebook, Twitter, Myspacee al post viene pubblicato su OKNotizie, Sègnalo, Diggita, Fai Informazione e altri aggregatori di news. Tutto in pochi minuti.

Esistono dei programmi che consentono l'inserimento automatico dei post nei vari siti di news. Io ne ho provati alcuni, sia gratuiti che a pagamento; grazie a essi, è possibile segnalare le notizie a un numero di siti molto elevato, anche un centinaio. Dopo un po' di tempo, però, **ho abbandonato l'uso di questi programmi.**

Ero presa dall'ossessione di segnalare i miei post al maggior numero di siti possibile, pensando che questo potesse agevolarmi nel piazzamento sui motori di ricerca. Questa attività di segnalazione, però, prendeva troppo tempo. I programmi che adoperavo, in realtà, non velocizzavano di molto la procedura di inserimento degli articoli, perché presentavano dei *bug,* dei piccoli malfunzionamenti che la rallentavano.

Poi ho capito che non è necessario segnalare i post a tutti i siti esistenti; **basta farlo con cinque, sei** che siano molto seguiti. Di conseguenza, la soluzione ottimale consiste nell'inserimento dei bottoni di collegamento a questi ultimi alla fine di ciascun post. Così scrivo il post, lo pubblico, lo segnalo in pochi minuti e il mio lavoro è terminato.

Consideriamo adesso un mezzo di diffusione dei contenuti dei blog molto utilizzato: **i Feed RSS**. Si tratta di un sistema per prelevare automaticamente i contenuti dei blog che interessano e portarli in un'unica destinazione di navigazione. Quando un blog dà l'opportunità di iscriversi ai Feed RSS, il navigatore, con un semplice clic, si "abbona" ai suoi contenuti. Può ripetere questa procedura per tutti i blog che gli interessano; poi, grazie a un apposito programma, gli aggiornamenti dei blog ai quali è abbonato gli vengono proposti in automatico, senza necessità di entrare in ciascuno di essi.

L'icona che più frequentemente richiama i Feed RSS è la seguente, o altra simile:

Anche tu puoi creare il Feed RSS per il tuo blog. Un ottimo servizio che serve allo scopo è Feedburner.

Appena giunto sul sito, fai il login utilizzando gli stessi dati (email e password) del tuo account Blogger. Appare una casella nella quale devi inserire l'indirizzo del tuo blog:

Burn a feed right this instant. Type your blog or feed address here:

http://blog-esempio.blogspot.com ☐ I am a podcaster! Next »

Clicca su "Next". Nella finestra successiva spunta la seconda casella e clicca di nuovo su "Next". Appare una finestra con l'indirizzo del blog e un link (il Feed RSS, appunto). Clicca ancora una volta su "Next". Vedrai apparire il link del Feed RSS:

Prendine nota: spesso, iscrivendoti a vari servizi che consentono la diffusione del tuo blog, ti viene chiesto di inserire l'URL del Feed RSS. In ogni caso, puoi recuperarlo facendo il login su Feedburner.

A questo punto, vediamo come inserire il Feed Rss sul tuo blog per consentire ai tuoi lettori di iscriversi. Nell'ultima finestra che abbiamo visto, clicca su "Next" e poi ancora una volta su "Next" nella finestra successiva. Nella pagina che si apre, clicca su "Publicize":

Clicca, nel Menu laterale, su "Chicklet Chooser":

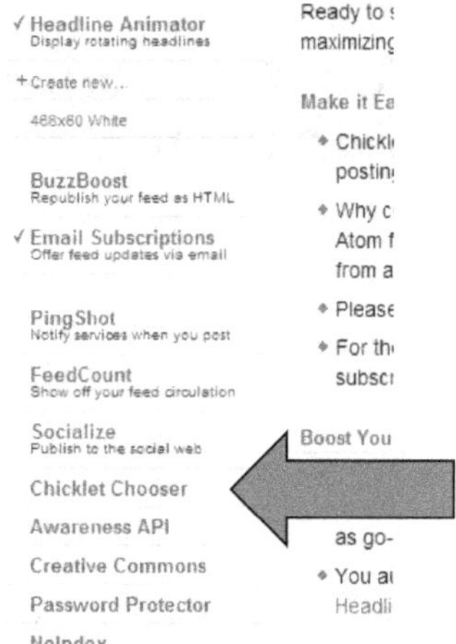

Si apre una pagina in fondo alla quale appare un codice:

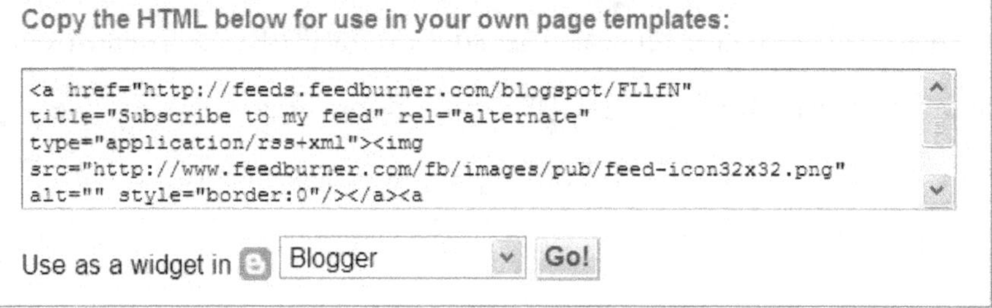

Seleziona dal menu a tendina "Blogger" e clicca su "Go!". Sarai indirizzato direttamente a una pagina di gestione del tuo blog:

Inserisci il titolo che vuoi utilizzare per invitare i tuoi lettori a iscriversi (ad esempio: "Iscriviti ai Feed RSS") e clicca su "Aggiungi widget". L'icona per iscriversi al Feed appare sul tuo blog:

Cliccandola i visitatori hanno la possibilità di iscriversi.

Ma qual è la differenza rispetto all'iscrizione alla newsletter? È semplice:

- iscrivendosi ai Feed Rss i lettori vengono aggiornati esclusivamente dei nuovi contenuti del tuo blog;

- iscrivendosi alla newsletter ricevono da te anche proposte, aggiornamenti extra, minicorsi, regali e tutto ciò che vuoi.

A questo punto puoi chiederti: non basterebbe far iscrivere la gente alla newsletter e poi aggiornarla ogni volta che viene pubblicato un nuovo post? Non è così. Non è detto che chi arriva per la prima volta sul tuo blog si iscriva alla newsletter. Magari ha poco tempo e, se non lo si "aggancia" subito, c'è il rischio che esca dal sito per non tornare mai più. Visto che l'iscrizione al Feed è molto veloce e immediata, c'è la possibilità che si iscriva; poi, ricevendo gli aggiornamenti, potrà conoscerti meglio e decidere di iscriversi alla newsletter.

SEGRETO n. 29: consenti ai tuoi lettori di abbonarsi al Feed RSS del tuo blog: è un potente modo per fidelizzarli e diffondere i tuoi contenuti velocemente.

Passiamo ora a considerare una risorsa importantissima: **gli aggregatori di blog**. Si tratta di siti ai quali puoi iscriverti segnalando il tuo blog: loro ti forniscono un pulsante (con il solito sistema del codice da copiare e incollare) da esporre sul blog. Così facendo, ottieni un duplice beneficio: innanzi tutto, hai un considerevole numero di siti contenenti link che puntano al tuo blog (e, come sappiamo, questo è molto gradito ai motori di ricerca); poi, questi aggregatori, ogni volta che aggiungi un nuovo post, ne prelevano automaticamente il contenuto e lo inseriscono nelle loro pagine.

Ecco gli indirizzi dei principali aggregatori italiani:
http://www.blogitalia.it/
http://www.blogitaliani.net/
http://www.bloo.it/
http://www.wikio.it/
http://www.top100blog.it/
http://www.ilbloggatore.com/
http://www.liquida.it/
http://www.bloghissimo.it/
http://www.italianbloggers.it/
Mentre, in lingua inglese, ti consiglio questo:
http://technorati.com/

Il lavoro potrà sembrarti un po' noioso, ma ne vale la pena. Oltre tutto, **devi farlo una sola volta**! Così, pure, ti consiglio di segnalare il tuo blog **alle principali directory**. Si tratta di siti che classificano i blog per categoria e i cui contenuti vengono scanditi dai motori di ricerca. In ciascuna directory, scegli l'opzione "Segnala un blog" o altra dicitura similare. Ecco un elenco delle principali directory:

http://www.abcitaly.it/

http://www.allwebfree.it/

http://www.blogtools.it/

http://www.bluggy.com/

http://www.categorico.it/

http://directory.account.it/

http://directoryseo.netsons.org/

http://www.eseguo.it/

http://www.freeonline.org/

http://www.giorgiotave.it/direct ory

http://www.googlerank.it/

http://www.great.it/

http://www.hebdotop.it/

http://www.hellodir.com/

http://www.katalogato.com/

http://www.sitidi.com/

http://www.migliorisiti.eu/index

.php

http://www.migliorsito.com/

http://www.mistercoupon.it/

http://www.misterlink.net/

http://www.mrclick.it/

http://www.mrlink.it/

http://www.my-network.it/

http://www.netsonar.it/

http://www.nonsoloblog.com/

http://www.pippo.it/

http://www.prdirectory.biz/

http://www.ricercasiti.com/inde x.php

http://www.scambiolink.org/

http://www.segnalasito.net/

http://www.simpatico.it/

http://www.suinternet.it/

http://www.top500.it/top/home/

default.asp

http://www.tuttowebmaster.eu/directory/

http://webdirectory.mgquadro.it/webdirectory/

http://directory.iaconet.com/

http://www.xdirectory.it/

http://www.xpdirectory.com/la-directory-dei-siti-italiani

http://www.yourpage.it/

Ovviamente, non puoi segnalare il tuo blog a tutte queste directory in un solo giorno. Sarebbe un lavoraccio. Oltre tutto, è meglio farlo **a poco a poco**, per dar modo ai motori di ricerca di "assimilare" queste informazioni.

Un altro sistema per ottenere visite al tuo blog in modo duraturo è quello dei **link reciproci**. Trova dei blog il cui argomento sia complementare al tuo e scrivi ai proprietari, proponendo di inserire il loro link nel tuo blog, se in cambio loro inseriranno il tuo. Nella maggior parte dei casi, ti risponderanno di sì. Ad esempio, se ti occupi di infortunistica stradale, puoi proporre uno scambio di link a dei siti che trattano di automobili (**purché non si tratti di commercianti: vedi l'ultimo capitolo dedicato alla deontologia**). In questo modo avrai un duplice beneficio:

- ci saranno dei siti contenenti dei link che puntano al tuo blog, e questo, come ormai sappiamo, viene premiato dai motori di ricerca;

- molti visitatori dei siti tuoi amici cliccheranno sul link al tuo blog e lo visiteranno; se lo troveranno interessante (il che, in larga misura, dipende da te) magari si abboneranno ai Feed o si iscriveranno alla newsletter.

Come inserire il link nel tuo blog? La procedura è molto simile ad altre che abbiamo già esaminato. Clicca su "Layout", poi su "Aggiungi un gadget"; scegli "Elenco di link" e si apre una finestra:

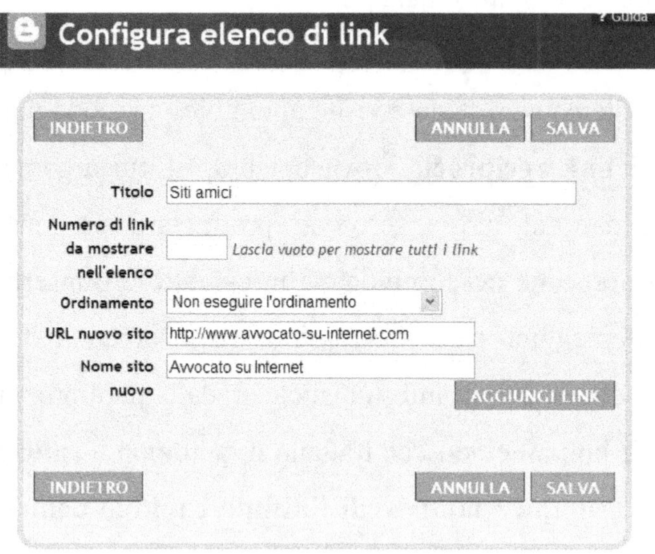

Riempi tutti i campi, inserendo titolo e indirizzo dei siti che vuoi segnalare, poi clicca su "Salva". Ogni volta che vuoi aggiungere un nuovo link, riapri la finestra da "Layout", clicca su "Aggiungi link" e ripeti l'operazione.

A proposito di link reciproci, un altro modo per diffondere la propria presenza online è la creazione di blog secondari, su piattaforme gratuite. Ti consiglio Myblog, che ha un'ottima capacità di penetrazione su Google, e Miglioriamo.it, che fornisce una piattaforma Wordpress "semplificata". La procedura per creare il blog è semplicissima.

Una volta creato il blog secondario, inseriscine il link nel tuo blog principale e viceversa. Poi, ogni volta che pubblichi un post sul tuo blog principale, inseriscilo, in parte, anche sui tuoi blog secondari, invitando i visitatori ad andare sul blog principale per leggere il post per intero.

In questo modo, ti avvantaggi delle capacità di posizionamento di altre piattaforme di blog, in aggiunta a Blogger e guadagni nuovi visitatori per il tuo blog principale.

A questo punto trovo utile fare **un riepilogo schematico** delle attività che devi compiere per portare il tuo blog in posizioni di tutto rispetto. Distinguiamo, a tal fine, tra attività che devi compiere una sola volta e altre che devi ripetere.

Per una sola volta, devi:

- segnalare il tuo blog a Google;
- iscriverti ai social network come Facebook, Twitter, Myspace;
- iscriverti ai siti di news, come OkNotizie e gli altri che ti ho segnalato;
- modificare l'HTML del tuo blog con il codice che consente di inserire automaticamente i pulsanti di segnalazione alla fine di ogni post;
- iscrivere il tuo blog agli aggregatori ed esporre i loro pulsanti; segnalare il blog alle directory;
- iscriverti a Scribd e Shvoong.

Questa è la parte più noiosa del lavoro. Fatto questo, la tua attività sarà semplice e scorrevole,e a risultati ottimi. **Almeno un paio di volte la settimana**, devi:

- scrivere dei post interessanti, che contengano parole chiave ben studiate e posizionate;

- trasformarli anche in formato PDF;

- segnalarli ai siti di news e ai social network con gli appositi pulsanti;

- pubblicarli su Scribd e Shvoong.

Di tanto in tanto, se trovi un sito di argomento complementare al tuo, proponi uno scambio link. Attenzione, però: deve trattarsi di siti ben fatti e ben posizionati, altrimenti non ne vale la pena.

SEGRETO n. 30: iscrivi il tuo blog agli aggregatorie alle principali directory e fai uno scambio link con i blog più interessanti.

I metodi che ti ho proposto sono **testati eefficaci** e, se applicati con costanza, consentono di posizionarsi bene sui motori di ricerca.

RIEPILOGO DEL GIORNO 6:

- SEGRETO n. 26: Google AdWords è utile a chi vuole vendere un prodotto: facendo gli opportuni calcoli e applicando le giuste strategie, può ricavare un utile netto dato dalla differenza tra il prezzo del prodotto e al costo della pubblicità.

- SEGRETO n. 27: fai conoscere il tuo blog a Google, inserendo in un post un link che punta a questo motore di ricerca, cliccandolo e poi rimuovendo il post.

- SEGRETO n. 28: scrivi articoli che contengano delle parole chiave all'inizio del titolo e al loro interno e poi diffondili con la tecnica dell'*article marketing*, pubblicandoli anche su Scribd e su Shvoong. Infine, fai il ping del blog.

- SEGRETO n. 29: consenti ai tuoi lettori di abbonarsi al Feed RSS del tuo blog: è un potente modo per fidelizzarli e diffondere i tuoi contenuti velocemente.

- SEGRETO n. 30: iscrivi il tuo blog agli aggregatori e alle principali directory e fai uno scambio link con i blog più interessanti.

GIORNO 7:
Come rispettare norme e deontologia

Lo abbiamo detto all'inizio di questo ebook: **l'avvocato non è un commerciante**. Di conseguenza, la sua attività è soggetta, oltre che alle prescrizioni legali e fiscali, anche a quelle deontologiche.

In questo capitolo, ti fornirò una panoramica dei principali adempimenti e obblighi da osservare, fermo restando che dovrai costantemente mantenerti aggiornato, approfondire le tematiche che ritieni ti coinvolgano più direttamente e consultare un commercialista per gli aspetti fiscali.

L'esercizio della professione online è qualcosa di nuovo e soltanto adesso cominciano a profilarsi i primi orientamenti interpretativi. Per questa ragione ti ho consigliato un po' di prudenza e il ricorso ad accorgimenti che consentano di mantenere **una traccia certa** dell'attività che svolgi.

Dopo aver esaminato **le principali norme** che possono interessare un avvocato per quanto riguarda la creazione e l'utilizzo di un blog, **faremo un riepilogo** di tutti gli aspetti che dovrai curare, uno per uno. Quindi non lasciarti impressionare dalla disamina delle norme che dovranno essere osservate: alla fine cercheremo di tirare le somme, schematizzando e razionalizzando il tutto.

Cominciamo col dire che l'utilizzo di un sito web, e nel nostro caso di un blog, da parte di un avvocato può essere considerato come **una forma di pubblicità**. Sappiamo che, in passato, a noi avvocati **era vietato** questo tipo di autopromozione, ma .l'art. 2, lettera b) del decreto-legge n. 223 del 4 luglio 2006, definitivamente convertito dalla Legge n. 248 del 4 agosto 2006 (c.d. "decreto Bersani") **ha abrogato** «*il divieto, anche parziale, di svolgere pubblicità informativa circa i titoli e le specializzazioni professionali, le caratteristiche del servizio offerto, nonché il prezzo e i costi complessivi delle prestazioni secondo criteri di trasparenza e veridicità del messaggio il cui rispetto è verificato dall'ordine*».

Quindi agli avvocati è consentito svolgere "pubblicità informativa", il che può avvenire anche tramite un sito web. Ma questa **non può avere le stesse caratteristiche** di quella, a volte aggressiva e non sempre del tutto trasparente, che viene adoperata nel commercio.

SEGRETO n. 31: a differenza che in passato, oggi gli avvocati possono promuovere se stessi, ma attenendosi a regole ben precise.

A questa forma di promozione fanno riferimento **gli articoli 17 e 17-*bis* del Codice Deontologico Forense**. L'art. 17 riguarda le **"Informazioni sull'attività professionale"**. Esso stabilisce che *«l'avvocato può dare informazioni sulla propria attività professionale. Il contenuto e la forma dell'informazione devono essere coerenti con la finalità della tutela dell'affidamento della collettività e rispondere a criteri di trasparenza e veridicità, il rispetto dei quali è verificato dal competente Consiglio dell'ordine».* Il blog di un avvocato, quindi, deve contenere informazioni chiare e trasparenti circa i dati e le competenze del titolare, nonché sui contenuti dei servizi prestati. In particolare, è

importante inserire due link: uno alle tariffe professionali, che consenta ai visitatori di orientarsi dei costi che potrebbe avere la prestazione professionale dell'avvocato, e uno al Codice Deontologico Forense, la cui lettura rende edotti degli obblighi di comportamento che investono l'attività del professionista. Più avanti vedremo come questi due link siano imposti anche da altre norme.

L'art. 17 continua prescrivendo che *«Quanto al contenuto, l'informazione deve essere conforme a verità e correttezza e non può avere a oggetto notizie riservate o coperte dal segreto professionale. L'avvocato non può rivelare al pubblico il nome dei propri clienti, ancorché questi vi consentano».* Succede, purtroppo, di incontrare siti (soprattutto tra quelli che abbiamo denominato "siti-vetrina") che fanno riferimento, come "fiore all'occhiello" dello studio, a clientela particolarmente prestigiosa: ciò è esplicitamente vietato, oltre che di cattivo gusto. Il modo migliore per promuovere la propria attività resta la dimostrazione della propria competenza.

Continua l'art. 17 stabilendo che *«Quanto alla forma e alle modalità, l'informazione deve rispettare la dignità e il decoro della professione».* Quindi il blog deve caratterizzarsi per sobrietà, sia nell'aspetto che nei contenuti.

E ancora: *«In ogni caso, l'informazione non deve assumere i connotati della pubblicità ingannevole, elogiativa, comparativa».* La norma mi sembra abbastanza esplicita e non necessita di commenti.

L'art. 17-bis, poi, riguarda le "**Modalità dell'informazione**" e, in relazione alle informazioni che l'avvocato può dare su se stesso e sulla propria attività per promuoversi, stabilisce dei **contenuti obbligatori** e dei **contenuti facoltativi**. Contenuti che, per le ragioni che abbiamo esposto, valgono anche per i siti web e per i blog.

Sono **contenuti obbligatori**:

- la denominazione dello studio, con l'indicazione dei nominativi dei professionisti che lo compongono, qualora l'esercizio della professione sia svolto in forma associata o societaria;

- il Consiglio dell'Ordine presso il quale è iscritto ciascuno dei componenti lo studio;

- la sede principale di esercizio, le eventuali sedi secondarie e i recapiti, con l'indicazione di indirizzo, numeri telefonici, fax, e-mail e del sito web, se attivato;

- il titolo professionale che consente all'avvocato straniero l'esercizio in Italia o che consente all'avvocato italiano l'esercizio all'estero della professione di avvocato in conformità delle direttive comunitarie.

Sono **contenuti facoltativi**:

- i titoli accademici;

- i diplomi di specializzazione conseguiti presso gli istituti universitari;

- l'abilitazione a esercitare avanti alle giurisdizioni superiori;

- i settori di esercizio dell'attività professionale e, nell'ambito di questi, eventuali materie di attività prevalente;

- le lingue conosciute;

- il logo dello studio;

- gli estremi della polizza assicurativa per la responsabilità professionale;

* l'eventuale certificazione di qualità dello studio; l'avvocato che intenda fare menzione di una certificazione di qualità deve depositare presso il Consiglio dell'Ordine il giustificativo della certificazione in corso di validità e l'indicazione completa del certificatore e del campo di applicazione della certificazione ufficialmente riconosciuta dallo Stato.

SEGRETO n. 32: gli articoli 17 e 17-bis del Codice Deontologico Forense danno delle indicazioni chiare e precise sui contenuti e sulla forma dei siti web degli avvocati.

Una particolare attenzione dobbiamo rivolgere al concetto di **specializzazione.** Abbiamo visto che è opportuno e conveniente orientarsi su una specifica nicchia, approfondirla bene e diventare degli esperti in quest'ambito. Questo, però, non comporta una "specializzazione" in senso tecnico. Ai sensi dell'art. 17-bis, per "specializzazione" si intende **uno specifico titolo**, conseguito presso gli istituti universitari. Non è quindi consentito, anche se si è dei super-esperti in una materia, dire che si è "specializzati" in essa, se non si è conseguito il relativo titolo. Magari si sarà anche più informati rispetto a chi ha frequentato un corso, ma la norma parla chiaro.

È, tuttavia, possibile citare «*i settori di esercizio dell'attività professionale e, nell'ambito di questi, eventuali materie di attività prevalente*». Quindi puoi (anzi devi!) esplicitare l'ambito di attività da te prescelto, e **metterlo in rilievo**, con sobrietà e veridicità. L'importante è non parlare di "specializzazione", perché questa, tecnicamente, è qualcosa di specifico.

SEGRETO n. 33: non è possibile dirsi "specializzati" in una certa materia se non si è conseguito il relativo titolo; è possibile, però, indicare tale materia come "settore di attività prevalente".

La norma continua prescrivendo che «*L'avvocato può utilizzare esclusivamente i siti web con domini propri e direttamente riconducibili a sé, allo studio legale associato o alla società di avvocati alla quale partecipa, previa comunicazione tempestiva al Consiglio dell'Ordine di appartenenza della forma e del contenuto in cui è espresso*».

Cerchiamo, ora, di comprendere il significato dell'espressione "*siti web con domini propri e direttamente riconducibili a sé*".

Certamente, essa non è felice: sembrerebbe considerare deontologicamente scorretto un sito web il cui dominio non sia stato acquistato dall'avvocato, ma sia proprio del fornitore dello spazio web. Questo ci riporta alla distinzione tra domini di primo e di secondo livello. Un avvocato che abbia un blog con dominio di primo livello, del tipo www.xxxyyz.com, ha acquistato il dominio e può considerarlo "proprio"; ma che dire di chi, invece, si appoggia su un dominio gratuito di secondo livello, del tipo mioblog.blogspot.com? In questo caso, non ha acquistato il dominio, che resta di proprietà del fornitore dello spazio web.

In realtà, la formulazione della norma deontologica non è molto felice e può indurre in errore: l'interpretazione diventa chiara, considerandone la *ratio*. **Questa consiste nell'intento di prevenire modalità non trasparenti di promozione della propria attività professionale**, magari attraverso siti riferibili ad altri soggetti o portali informativi.

Pertanto, non è importante l'"appartenenza" giuridica dello spazio web, quanto, piuttosto, **il modo di gestire questo spazio** da parte dell'avvocato. Modo che deve essere improntato a trasparenza e completezza di informazione, talché detto spazio possa essere considerato, chiaramente e inequivocabilmente, "riconducibile" all'avvocato stesso. In coerenza con questa interpretazione, l'art. 17-bis prosegue aggiungendo che «*Il professionista è responsabile del contenuto del sito e in esso deve indicare i dati previsti dal primo comma*».

Dunque è perfettamente lecita una promozione della figura professionale dell'avvocato compiuta mediante un sito o un blog. Non importa che il relativo dominio sia stato acquistato dal professionista o resti di proprietà del fornitore del servizio; importante è che il sito o il blog sia chiaramente riferibile all'avvocato, che mediante esso presenta, in modo trasparente ed esauriente, se stesso e la propria attività. Al contrario, non sono deontologicamente corretti i casi nei quali l'avvocato si promuova attraverso siti che si occupano di altro rispetto alla sua attività professionale e dei cui contenuti non è nemmeno responsabile.

Quanto sopra è confermato **dalla casistica** delle decisioni assunte dai Consigli dell'Ordine degli Avvocati e dal Consiglio Nazionale Forense: ad esempio, non è stata ritenuta accettabile la consulenza legale svolta per mezzo di siti terzi (C.O.A. Pistoia, delib. 28 novembre 2003; C.N.F., 21 novembre 2001); la promozione dell'attività di uno studio legale realizzata all'interno di una rete telematica di un ente (C.O.A. Roma, 16 giugno 2005); l'utilizzo della qualità di curatore di un sito di attualità giuridica a scopi pubblicitari (C.N.F., par. 27 aprile 2005; C.O.A. Roma, 30 novembre 2006).

L'art. 17 conclude stabilendo che «*Il sito non può contenere riferimenti commerciali e/o pubblicitari mediante l'indicazione diretta o tramite banner o pop-up di alcun tipo*». Questa è una delle ragioni per cui ti ho vivamente sconsigliato l'inserimento degli annunci AdSense nel tuo blog e ti ho raccomandato uno scambio di link con siti di argomento complementare al tuo, **purché non di carattere commerciale**.

SEGRETO n. 34: evita di inserire nel tuo blog link, banner o pop-up che rimandino ad attività commerciali.

Sotto il profilo della prestazione di **consulenze online**, ci interessa anche la **direttiva europea sul commercio elettronico**

(Direttiva 2000/31/CE del Parlamento europeo e del Consiglio dell'8 giugno 2000 relativa a taluni aspetti giuridici dei servizi della società dell'informazione, in particolare il commercio elettronico, nel mercato interno), **attuata in Italia con decreto legislativo n. 70/2003.**

Tale decreto (art.1) è «*diretto a promuovere la libera circolazione dei servizi della società dell'informazione, fra i quali il commercio elettronico*». Per *"servizi della società dell'informazione"* si intendono (art.2, lettera a)) **le attività economiche svolte online**. Tra queste, rientrano anche quelle proprie dei liberi professionisti.

L'art. 7 elenca **le informazioni che devono essere contenute nel sito** web di chi svolge attività economica online. Queste sono (indico solo quelle che ci interessano):

- il nome, la denominazione o la ragione sociale;
- il domicilio o la sede legale;
- gli estremi che permettono di contattare rapidamente il prestatore e di comunicare direttamente ed efficacemente con lo stesso, compreso l'indirizzo di posta elettronica;

- l'ordine professionale o istituzione analoga, presso cui il prestatore sia iscritto e il numero di iscrizione;

- il titolo professionale e lo Stato membro in cui è stato rilasciato;

- il riferimento alle norme professionali e agli eventuali codici di condotta vigenti nello Stato membro di stabilimento e le modalità di consultazione dei medesimi (quindi, un link al Codice Deontologico Forense);

- il numero della partita IVA;

- l'indicazione in modo chiaro e inequivocabile dei prezzi e delle tariffe dei diversi servizi (quindi, un link alle tariffe forensi).

Nel decreto troviamo poi due articoli che riguardano **le mailing list**. Le email inviate agli iscritti vengono definite *"comunicazioni commerciali non sollecitate"* e, ai sensi **dell'art. 9**, *«devono, in modo chiaro e inequivocabile, essere identificate come tali fin dal momento in cui il destinatario le riceve e contenere l'indicazione che il destinatario del messaggio può opporsi ai ricevimento in futuro di tali comunicazioni»*. Tale indicazione è contenuta nei messaggi che vengono inviati tramite i migliori servizi di autorisponditore.

L'art. 10 aggiunge che «*L'impiego di comunicazioni commerciali che costituiscono un servizio della società dell'informazione o ne sono parte, fornite da chi esercita una professione regolamentata, deve essere conforme alle regole di deontologia professionale e in particolare, all'indipendenza, alla dignità, all'onore della professione, al segreto professionale e alla lealtà verso clienti e colleghi*». Il che è perfettamente coerente con i princìpi cardine della nostra deontologia.

L'art. 12, poi, indica **alcuni dati** che, in aggiunta agli altri che abbiamo già indicato, **devono essere portati a conoscenza dei visitatori** del sito:

- le varie fasi tecniche da seguire per la conclusione del contratto;
- il modo in cui il contratto concluso sarà archiviato e le relative modalità di accesso;
- i mezzi tecnici messi a disposizione del destinatario per individuare e correggere gli errori di inserimento dei dati prima di inoltrare l'ordine al prestatore;
- gli eventuali codici di condotta cui aderisce e come accedervi

per via telematica;

- le lingue a disposizione per concludere il contratto oltre all'italiano;

- l'indicazione degli strumenti di composizione delle controversie.

L'art. 13, infine, stabilisce che: «*1. Le norme sulla conclusione dei contratti si applicano anche nei casi in cui il destinatario di un bene o di un servizio della società dell'informazione inoltri il proprio ordine per via telematica. 2. Salvo differente accordo tra parti diverse dai consumatori, il prestatore deve, senza ingiustificato ritardo e per via telematica, accusare ricevuta dell'ordine del destinatario contenente un riepilogo delle condizioni generali e particolari applicabili al contratto, le informazioni relative alle caratteristiche essenziali del bene o del servizio e l'indicazione dettagliata del prezzo, dei mezzi di pagamento, del recesso, dei costi di consegna e dei tributi applicabili. 3. L'ordine e la ricevuta si considerano pervenuti quando le parti alle quali sono indirizzati hanno la possibilità di accedervi*».

Altre norme alle quali devi conformarti sono contenute nel **decreto**

legislativo n.196/2003 (Tutela della Privacy). Si tratta di un provvedimento al quale tutti gli studi professionali sono vincolati. Non ti ripeterò qui informazioni che già conosci, però voglio sottolineare un aspetto, che riguarda l'esercizio online della professione: **l'invio e la ricezione di comunicazioni via email**.

La posta elettronica, una volta inviata, giunge quasi istantaneamente al destinatario. Eppure, in un lasso di tempo incredibilmente breve, affronta un viaggio che può essere anche complesso, passando di server in server, e potendo così essere letta, conosciuta, intercettata da altri. Come conciliare tale circostanza con i dettami normativi sulla Privacy?

Soccorre, a tal proposito, **il servizio di posta elettronica certificata**, del quale tutti dobbiamo obbligatoriamente essere forniti. I migliori fornitori di PEC garantiscono anche **la protezione** dei dati che vengono trasmessi tramite il loro servizio.

Per quanto riguarda i destinatari delle nostre comunicazioni, è opportuno inserire nelle condizioni generali di contratto (che devi pubblicare sul blog) **lo specifico obbligo**, da parte del cliente, **di**

proteggere i propri sistemi informatici da virus e da intrusioni di terzi.

È, inoltre, necessario inserire sul blog **una pagina contenente l'informativa sulla Privacy** ex art. 13 D.Lgs. 30/06/2003 n. 196; pagina che deve essere esplicitamente richiamata nel modulo contrattuale sottoscritto dal cliente.

La normativa sulla Privacy interessa anche la procedura di iscrizione alla tua mailing list. I migliori servizi di autorisponditore consentono di impostare **un doppio passaggio**, che ti consiglio vivamente: a) il sottoscrittore compila il modulo per iscriversi, specificando il suo nomee al suo indirizzo email; b) a questo punto, non viene subito iscritto, ma gli arriva un'email contenente un link, che deve cliccare se vuole davvero iscriversi. Se clicca il link, l'iscrizione si perfeziona e gli arriva un'email di conferma.

In questo modo, si evita che una persona possa iscriversi frettolosamente, senza esserne veramente consapevole, per poi magari lamentarsi perché riceve le tue email. Si evitano, inoltre, iscrizioni effettuate da terze persone.

Quando predisponi i messaggi del tuo autorisponditore, ti consiglio di inserire, nella email contenente il link di conferma, la precisazione che cliccare il link implica l'avvenuta lettura e accettazione dell'informativa sulla Privacy, che avrai pubblicato sul blog.

Infine, anche noi professionisti siamo tenuti al rispetto, per ciò che ci riguarda, delle norme contenute nel "**Codice del consumo**" (decreto legislativo 6 settembre 2005 n.206). In particolare, poiché nel caso di consulenza online il contratto tra avvocato e cliente viene concluso fuori dei locali commerciali, ai sensi dell'art. 47 bisogna fornire, nelle condizioni generali di contratto, informazioni sui termini e sulle modalità di esercizio del diritto di recesso.

SEGRETO n. 35: accertati di rispettare la Direttiva Europea sul Commercio Elettronico, la Legge sulla Privacy e al Codice del Consumo.

Dopo questa rapida carrellata delle norme che possono interessare l'esercizio online della professione forense, vediamo di riepilogare, schematizzando, i principali adempimenti da porre in essere, sia nella fase di preparazione del blog che nel suo utilizzo.

Quando realizzi il tuo blog devi:

- inserire una pagina che contenga almeno i tuoi dati, i tuoi recapiti, codice fiscale e partita IVA, il tuo Ordine di appartenenza;
- inserire un link al Codice Deontologico Forense;
- inserire un link alle Tariffe Forensi vigenti;
- inserire una pagina con le Condizioni Generali di contratto;
- inserire una pagina contenente l'informativa sulla Privacy;
- esplicitare il settore di cui ti occupi, senza però dirti "specializzato" se non hai conseguito un titolo ad hoc;
- mantenere uno stile sobrio e professionale;
- evitare link a siti commerciali, banner e pop-up che rimandino a siti di commercianti;
- utilizzare un servizio di autorisponditore che espliciti, in ciascuna e-mail inviata, la possibilità di cancellarsi in ogni momento dalla tua mailing list;
- impostare l'iscrizione alla tua mailing list prevedendo un doppio passaggio, che consenta di verificare l'effettiva volontà

del sottoscrittore di iscriversi;

- specificare, nell'email che il sottoscrittore riceve, che cliccare il link ivi contenuto per confermare l'iscrizione implica la lettura e l'accettazione delle informazioni sulla Privacy esposte nel blog;

- quando il blog è pronto, darne comunicazione al tuo Ordine di appartenenza.

Per quanto riguarda, invece, **l'utilizzo del blog** e la tua attività di consulenza e assistenza legale, ti rinvio alle fasi che ti ho consigliato di seguire nel capitolo relativo al Giorno 5.

Non penso di doverti dire altro: la tua competenza professionale, di per sé, ti consente di redigere le condizioni generali di contratto, l'informativa sulla Privacy e al contratto da far sottoscrivere al cliente.

Se hai dei dubbi, ti consiglio di chiarirli, anche consultando il tuo Ordine di appartenenza. In ogni caso, sul mio blog www.avvocato-su-internet.com/ trovi molto materiale da poter utilizzare.

RIEPILOGO DEL GIORNO 7:

- SEGRETO n. 31: a differenza che in passato, oggi gli avvocati possono promuovere se stessi, ma attenendosi a regole ben precise.

- SEGRETO n. 32: gli articoli 17 e 17-bis del Codice Deontologico Forense danno delle indicazioni chiare e precise sui contenuti e sulla forma dei siti web degli avvocati.

- SEGRETO n. 33: non è possibile dirsi "specializzati" in una certa materia se non si è conseguito il relativo titolo; è possibile, però, indicare tale materia come "settore di attività prevalente".

- SEGRETO n. 34: evita di inserire nel tuo blog link, banner o pop-up che rimandino ad attività commerciali.

- SEGRETO n. 35: accertati di rispettare la Direttiva Europea sul Commercio Elettronico, la Legge sulla Privacy e al Codice del Consumo.

Conclusione

Siamo giunti alla fine del percorso in Sette Giorni per costruire il tuo blog e cominciare a svolgere la tua attività professionale su Internet.

Sicuramente, come avviene sempre, avrai letto questo ebook per intero, dall'inizio alla fine, magari sorvolando su alcuni passaggi. Qualche spiegazione ti sarà sembrata poco chiara; forse ti sarà venuto il dubbio che si tratti di nozioni troppo complicate.

Se è così, non preoccuparti! È perfettamente normale, se si tratta di argomenti che non hai mai approfondito. Ricomincia a leggere l'ebook daccapo, magari stampandolo, e questa volta **agisci**, seguendo passo passo le mie indicazioni. Se non hai completato una fase, non passare a quella successiva. Se sei costante e concentrato, potrai davvero essere online con il tuo blog in sette giorni.

Internet rappresenta il futuro in tutti i campi, quindi anche nella nostra professione. Soltanto pochi anni fa, non avremmo immaginato di potere, da soli, realizzare un sito capace di metterci in contatto con migliaia di persone. E certamente il futuro ci riserva opportunità entusiasmanti e per ora impensabili. Ci conviene, quindi, essere pronti. Se diventiamo abili a gestire gli strumenti che Internet offre oggi, domani saremo i primi a poter approfittare delle novità. A tal proposito, se vuoi mantenerti costantemente aggiornato e trovare tanti utili approfondimenti, ti consiglio di visitare il mio blog www.avvocato-su-internet.com/ e di iscriverti alla mailing list.

Forza, quindi. Io ti ho dato le nozioni necessarie per partire. Ora tutto dipende da te.

Al tuo successo!

Adele Falcetta

www.ingramcontent.com/pod-product-compliance
Lightning Source LLC
Chambersburg PA
CBHW071610150726
48000CB00004B/1657